OPERATION AND INNOVATION OF NEW MEDIA
IN COLLEGES AND UNIVERSITIES

高校新媒体运营与创新

杨乾坤 著

中国科学技术大学出版社

内 容 简 介

本书按照"读者在哪里,受众在哪里,宣传报道的触角就要伸向哪里,宣传思想工作的着力点和落脚点就要放在哪里"的要求,致力于探索高校新媒体运营的底层逻辑,从团队建设、微博运营、活动宣传、权益维护、标题技巧、选题策略、内容引流、微视频、微调研等层面,系统梳理了高校新媒体运营应该具备的意识、思维、技术和能力等,为提高高校新媒体运营与创新能力提供了相关解决方案。本书既适合高校新媒体运营工作人员使用,也可供有兴趣的读者阅读。

图书在版编目(CIP)数据

高校新媒体运营与创新/杨乾坤著.—合肥:中国科学技术大学出版社,2021.1
ISBN 978-7-312-05070-1

Ⅰ.高… Ⅱ.杨… Ⅲ.高等学校—传播媒介—研究—中国 Ⅳ.G206.2

中国版本图书馆CIP数据核字(2020)第199245号

高校新媒体运营与创新
GAOXIAO XINMEITI YUNYING YU CHUANGXIN

出版	中国科学技术大学出版社
	安徽省合肥市金寨路96号,230026
	http://press.ustc.edu.cn
	https://zgkxjsdxcbs.tmall.com
印刷	安徽国文彩印有限公司
发行	中国科学技术大学出版社
经销	全国新华书店
开本	710 mm×1000 mm 1/16
印张	10.5
字数	159千
版次	2021年1月第1版
印次	2021年1月第1次印刷
定价	36.00元

前　言

随着互联网的快速发展，特别是移动互联网时代的到来，人们的阅读方式、生活方式、学习方式、沟通方式发生了根本性改变，越来越多的青年学生更愿意在线获取服务信息、表达个人心情、评论热点事件等。高校作为意识形态工作前沿阵地，面临着严峻的外部挑战和内部挑战，承担着为实现中华民族伟大复兴的中国梦提供人才保障和智力支持的重要任务，按照"读者在哪里，受众在哪里，宣传报道的触角就要伸向哪里，宣传思想工作的着力点和落脚点就要放在哪里"的要求，高校必须把工作重心延伸至网络空间，把教育内容融入网络空间，把文化阵地构筑至网络空间，切实提升高校网络思想政治教育工作质量和水平。近年来，各高校及校内二级单位纷纷开通了各类新媒体平台，高校宣传平台呈现"百花齐放"态势。但同时我们也应该看到各高校在新媒体运营工作中存在的问题，如政治意识不强、运营思维不足、组建团队不精、培训内容不深、技术水平不高、设计产品不优、创新意识不够等。

笔者自2011年开始从事思想政治教育类网文写作，自2015年开始参与高校官方新媒体平台运营，在这近十年的网络思想政治教育工作中，一直致力于探索高校新媒体运营的底层逻辑，系统梳理了高校新媒体运营应该具备的意识、思维、技术及能力等，于2017年在所在学校尝试开办首期新媒体培训班，每学期一期，每期10讲，每讲1小时左右，并形成了"搭建团队–集体备课–课堂施教–课后作业–学生评价–查漏完善"的培训体系，每期吸引200名左右同学自愿参加。三年来，已连续累计开展五期，得到了校内青年学生和兄弟高校的热烈响应。本书正是新媒体培训班培训教案内容持续迭代优化的理论成果，在风格上具有以下特点：

一是语言力求简练，可读性强。本书多以通俗化、网络化、简洁化语言实现表达内容的易读、易懂、易用，如每章开篇以情景对话的方式引出高校新媒体运营工作中常见的问题，以问题为导向，用小故事讲清大道理，场景带入感十足。

二是内容案例丰富，实战性强。本书内容涵盖了高校新媒体运营必备的基本知识、思维和技能，总结梳理了大量新媒体运营实践案例，部分章节以"福利贴"的形式为高校新媒体运营难点给出解决方案，方便读者参考。

三是剖析底层逻辑，指导性强。本书对高校新媒体运营中的重点内容进行深入研究，尝试剖析运营中的底层逻辑，如优秀标题的底层逻辑、微视频的底层逻辑、高校新媒体选题规律等，帮助读者理解。

笔者认为，高校新媒体工作可分为队伍建设、平台建设、内容建设、渠道建设四个方面。

队伍建设是高校新媒体工作的"奠基石"。高校新媒体队伍建设应坚持专兼结合、师生共创、校院班互联互通、官方媒体与自媒体协同作战的原则。当前，大部分高校已建设一支由学生和青年教师骨干组成的网络宣传员队伍，本书前两章主要介绍队伍建设，第一章主要介绍高校新媒体队伍应具备的新媒体思维，第二章主要介绍团队管理。

平台建设是高校新媒体工作的"高速路"。高校新媒体平台建设应坚持"管得住是硬道理，用得好是真本事"的原则，避免出现"开而不管、管不到位"等问题。高校新媒体平台主要有微博、微信、QQ空间、抖音等，可为正能量内容的传递和正面舆论场的传播提供渠道。本书第三章、第四章部分内容主要介绍微博类短文本图文平台建设，

第一章、第四章部分内容主要介绍微信类长文本图文平台建设，第九章主要介绍短视频类平台建设。

内容建设是高校新媒体工作的"生命线"。高校新媒体内容建设应坚持"正能量是总要求"的原则，善于运用"网言网语""青言青语"等风格，通过图解、动漫、视频等多种新媒体传播形式，打造集思想性、教育性、知识性、互动性、艺术性、可读性于一体的网络文化精品，既要做到讲清楚、说明白、易领会，又要做到注重师生网络阅读的愉悦感和接受度。本书第四章部分内容、第五章、第六章、第七章、第九章部分内容、第十章主要介绍内容建设。

渠道建设是高校新媒体工作的"助推器"。高校新媒体内容建设还应坚持"传得开是硬道理"的原则，善于研究内容传播趋势和规律，改进创新网上宣传方法和策略，推动传统媒体和新媒体在重大宣传上同频共振、互补互动。本书第二章部分内容、第八章主要介绍渠道建设。

本书适用于对新媒体运营，特别是对高校新媒体运营感兴趣的朋友，亦可作为网络思想政治教育理论与实践研究参考书。

由于本书作者水平有限，书中仍存在疏漏和谬误之处，欢迎同行专家和朋友们不吝指教。

杨乾坤

目　　录

前言 ··· i

第1章　以粉丝为中心——你永远不能强迫粉丝"关看转评赞" ··········001
1.1　天天说新媒体,你知道它的定义吗 ·······································001
1.1.1　新媒体的定义 ···002
1.1.2　新媒体的主要特征 ···003
1.1.3　高校新媒体 ···008
1.2　以粉丝为中心,不能只停留在口头上 ···································010
1.2.1　粉丝不喜欢的"好作品"开始不再吃香 ·························010
1.2.2　用"强制"手段做新媒体,不断闹笑话 ·························011
1.2.3　不只是你做了什么,而是粉丝感受到了什么 ···················011
1.3　高校新媒体运营"四梁八柱"模型 ······································013
1.3.1　"四梁":四种意识 ··014
1.3.2　"八柱":八种思维 ··015

第2章　"三位一体"组织架构——让你的团队像动车一样疾速 ········018
2.1　高校社团管理"金字塔"式的组织架构突然失灵 ······················019
2.1.1　组织及组织架构 ··019
2.1.2　"金字塔"式组织架构 ··019
2.1.3　扁平式组织架构 ··020
2.2　化解新媒体运营上手周期长与高校团队成员更新快的矛盾 ·········021
2.2.1　建立精细化、程序化、标准化日常工作细则 ···················022
2.2.2　开设规范化、系统化、课程化新媒体培训班 ···················023
2.3　解决高校学生在新媒体运营工作中学无所获问题 ·····················024
2.3.1　夯实文字功底 ···024
2.3.2　提高审美修养 ···025

- 2.3.3 学习影像技术 ··· 025
- 2.3.4 培养敏锐眼光 ··· 025
- 2.3.5 厚植创新能力 ··· 025
- 2.3.6 开拓职业视野 ··· 026

第3章 微博"##"的巨大魅力——让所有人成为你的粉丝 ··············· 028

3.1 认识微博 ·· 029
- 3.1.1 微博的定义和基本属性 ······································ 029
- 3.1.2 微博影响力排名考核指标 ···································· 031

3.2 认识微博话题"##" ··· 032
- 3.2.1 申请自身话题，打造特色栏目，常用常推广 ···················· 032
- 3.2.2 借势热门话题，推广自身内容，常看多联系 ···················· 033

3.3 微博运营模式和技巧 ·· 033
- 3.3.1 建立签到制度 ··· 033
- 3.3.2 规范发布格式 ··· 034
- 3.3.3 打造特色话题 ··· 034
- 3.3.4 整理学习智库 ··· 035
- 3.3.5 设计群审机制 ··· 035
- 3.3.6 明确发布频率 ··· 035
- 3.3.7 主动友好互动 ··· 035

3.4 微博运营容易陷入的几个极端 ···································· 036
- 3.4.1 严肃刻板和低俗娱乐 ·· 036
- 3.4.2 唯排名论和不顾排名 ·· 036
- 3.4.3 自娱自乐和唯粉是从 ·· 036
- 3.4.4 技巧主义和不用技巧 ·· 037

第4章 "直播"大型活动的一般宣传套路——初尝"核裂变" ·············· 040

4.1 活动现场影像采集 ·· 040
- 4.1.1 光线明亮图片清晰 ·· 041
- 4.1.2 精准对焦突出重点 ·· 041
- 4.1.3 上下左右构图准确 ·· 042
- 4.1.4 行为举止礼貌大方 ·· 042
- 4.1.5 熟悉流程提前卡位 ·· 042

    4.1.6　善意提醒不雅动作 …………………………………………042
    4.1.7　主动避免不适画面 …………………………………………042
    4.1.8　会后适当处理归类 …………………………………………043
  4.2　现场图文实时报道 ……………………………………………………043
  4.3　现场活动视频直播 ……………………………………………………045
    4.3.1　测试网络速度 ………………………………………………045
    4.3.2　准备相应图文 ………………………………………………045
    4.3.3　保证设备电量 ………………………………………………045
    4.3.4　提前卡位调节 ………………………………………………045
    4.3.5　积极做好互动 ………………………………………………046
  4.4　线上线下宣传技巧 ……………………………………………………046
    4.4.1　线上宣传技巧 ………………………………………………046
    4.4.2　线下宣传技巧 ………………………………………………050

第5章　权益维护——校园新媒体平台最核心任务 ………………………055
  5.1　"遇到问题,拍张照片,吐槽一下"成为大学生生活常态 ……………056
  5.2　"有问必答,不问也答,永远在线"是运营基本原则 …………………056
  5.3　持续完善升级"校园服务手册",有效解决平台80%的提问 ………057
  5.4　建立跨部门长效联系机制,持续跟进,努力解决其他
       20%的反馈 ……………………………………………………………058

第6章　严把标题关——读标题的人是读正文的人的5倍 ………………059
  6.1　优秀标题底层逻辑 ……………………………………………………059
    6.1.1　优秀标题能帮助粉丝树立个人形象 …………………………060
    6.1.2　优秀标题能让粉丝想问"为什么" ……………………………060
    6.1.3　优秀标题能给用户明确的"利益"承诺 ………………………060
  6.2　优秀标题创作技巧 ……………………………………………………061
    6.2.1　具体明确,而非抽象难懂 ……………………………………061
    6.2.2　产生共鸣,而非自娱自乐 ……………………………………061
    6.2.3　与我相关,而非事不关己 ……………………………………061
    6.2.4　抓准诉求,让读者得到好处 …………………………………062
    6.2.5　违背常识,让读者产生困惑 …………………………………062

- 6.2.6 一语双关，让读者自我想象 ············ 062
- 6.2.7 设置悬念，激发读者好奇心 ············ 063
- 6.2.8 预言效果，让读者感到恐慌 ············ 063
- 6.2.9 正话反说，让读者感到反常 ············ 064
- 6.2.10 跟紧热门，满足读者追风心理 ············ 064
- 6.2.11 命令句式，制造权威严肃效果 ············ 064
- 6.2.12 提问句式，引导读者思考 ············ 065
- 6.2.13 对话句式，增强生活画面 ············ 065
- 6.2.14 排行榜式，激发读者兴趣 ············ 065
- 6.2.15 第一人称，让读者与"我"联系 ············ 066
- 6.2.16 加上时间，增强时效性 ············ 066
- 6.2.17 进行对比，赢得话题话语权 ············ 066
- 6.2.18 揭秘曝光，满足读者猎奇心 ············ 067
- 6.2.19 善用数据，增加说服力 ············ 067
- 6.2.20 真情实感，撼动人心强大武器 ············ 068
- 6.3 优秀标题创作方法 ············ 068
  - 6.3.1 多看，建优秀标题库，定期更新迭代 ············ 068
  - 6.3.2 多想，发挥团队力量，注重大众喜好 ············ 068
  - 6.3.3 多思，注重用户反馈，多做数据分析 ············ 068
- 6.4 远离标题创作禁忌 ············ 069
  - 6.4.1 忌"标题党" ············ 069
  - 6.4.2 忌"高级黑" ············ 069
  - 6.4.3 忌"低级红" ············ 069

第7章 高校新媒体时间轴——让及时性强的新媒体变得会计划 ············ 071

- 7.1 巧妙利用新媒体的即时性和高校工作的周期性 ············ 072
- 7.2 高校新媒体时间轴，破除"选题瓶颈" ············ 073
  - 7.2.1 高校新媒体时间轴之周期轴 ············ 074
  - 7.2.2 高校新媒体时间轴之爆点轴 ············ 077
  - 7.2.3 高校新媒体时间轴之热点轴 ············ 077
- 7.3 文案结构巧妙布局，破除"浪费感情" ············ 077
- 7.4 文风有趣内容易懂，破除"鸡汤说教" ············ 079

  7.4.1 多平等对话,少高处说教···079
  7.4.2 多用小标题,厘清大逻辑···079
  7.4.3 多幽默诙谐,少冰冷死板···079
  7.4.4 多讲小故事,少讲大道理···080
  7.4.5 多小视角入,重真情实感···080
  7.4.6 多描述经历,少夸奖赞美···080
  7.4.7 多当段子手,讲好大规律···080
  7.4.8 多挖掘内幕,少套话废话···080
  7.4.9 多短句散句,少错字病句···081
  7.4.10 多形式表现,少单一载体···081

第8章 微信引流——从不常打开的公众号到经常浏览的朋友圈·········083
 8.1 社交引流···083
  8.1.1 运营平台个人微信号···084
  8.1.2 运营平台铁杆粉丝群···085
  8.1.3 建立校院班矩阵网络···086
  8.1.4 鼓励团队成员多转发···086
  8.1.5 寻求校园"大V"多分享···086
 8.2 功能引流···087
  8.2.1 功能菜单开发:帮助粉丝养成主动打开公众号习惯·················087
  8.2.2 开发周边产品:让粉丝随时有意外惊喜·····························089
  8.2.3 微信投票引流:又爱又恨的运营技巧·······························090

第9章 微视频——新媒体平台未来重要载体·····························093
 9.1 本质:爆款微视频底层逻辑··093
  9.1.1 非人类正常的视角···094
  9.1.2 非人类正常的节奏···094
  9.1.3 人类正常需求内容···094
 9.2 工具:工欲善其事,必先利其器··094
  9.2.1 硬件···095
  9.2.2 软件···095
 9.3 制作:微视频也能拍出大片感··096

- 9.3.1 选题:微视频"灵魂" ··· 096
- 9.3.2 脚本:微视频构思"草稿纸" ································· 096
- 9.3.3 拍摄:微视频源素材"生产工厂" ····························· 097
- 9.3.4 音效:微视频节奏控制"指南针" ····························· 098
- 9.3.5 剪辑:微视频"镜头切换3秒法则" ····························· 098
- 9.3.6 字幕:微视频里的文字要尽可能大点 ························· 099

9.4 形式:让微视频效果更上一层楼 ····································· 099
- 9.4.1 快闪 ··· 099
- 9.4.2 音乐短片 ··· 100
- 9.4.3 微电影 ··· 100
- 9.4.4 小课堂 ··· 100
- 9.4.5 宣传片 ··· 100
- 9.4.6 延时摄影 ··· 101
- 9.4.7 街头采访 ··· 101
- 9.4.8 纪录片 ··· 101

第10章 进行微调研——用大部分青年的主流价值观引导青年 ········· 110

10.1 高校微调研选题逻辑 ··· 103
- 10.1.1 不清不楚的内容要调研 ··· 103
- 10.1.2 意见不一的内容要调研 ··· 103
- 10.1.3 无法硬规的内容要调研 ··· 104

10.2 高校微调研常见形式 ··· 104
- 10.2.1 文献收集 ··· 104
- 10.2.2 现场访谈 ··· 105
- 10.2.3 问卷调查 ··· 106

10.3 调研数据分析展示可视化 ··· 108
- 10.3.1 柱状图:展示离散型数据 ··· 108
- 10.3.2 堆积柱状图:展示多个离散型变量 ····························· 109
- 10.3.3 饼图:展示频率数据 ··· 109
- 10.3.4 折线图:时间序列统计图 ··· 110
- 10.3.5 散点图:连续型变量统计图 ····································· 111
- 10.3.6 箱线图:连续型变量统计图 ····································· 112

  10.3.7　雷达图：多变量数据组合统计图 ……………………………………113
  10.3.8　词云图：文本高频词展示图 …………………………………………113

附录1　网络文化作品选编 …………………………………………………………122
 网络，请放开那些学僧 ………………………………………………………………122
 新媒体环境下的大学生要"走心" ……………………………………………………124
 "小葫芦"网络文化工作室建设经验分享 ……………………………………………126

附录2　宣传思想工作重要文件与资料节选 ……………………………………132
 关于进一步加强和改进新形势下高校宣传思想工作的意见(节选) …………132
 关于规范网络转载版权秩序的通知 …………………………………………………133
 国家网络空间安全战略(节选) ………………………………………………………135
 教育部办公厅关于规范校园评先选优网络投票活动的通知 ……………………136
 关于实施中华优秀传统文化传承发展工程的意见(节选) ………………………137
 中长期青年发展规划(2016—2025年)(节选) ……………………………………138
 互联网用户公众账号信息服务管理规定 ……………………………………………139
 朝着建设网络强国目标不懈努力——习近平总书记引领推动网络强国
  战略综述(节选) ……………………………………………………………………142
 高校思想政治工作质量提升工程实施纲要(节选) ………………………………145

参考文献 ………………………………………………………………………………146

后记 ……………………………………………………………………………………150

第1章　以粉丝为中心

你永远不能强迫粉丝"关看转评赞"

主管：小新，咱们平台有多少粉丝了？

小新：主管，经过我们的努力，现在平台有8000名粉丝了。

主管：我们学校有3万名学生，怎么才这么点的同学关注？

小新：我们再继续努力。

主管：别费劲了，发个通知让每个学生都关注下。

小新：……

主管：小新，最近咱们的微信阅读量怎么这么低，排行榜上都看不到了。

小新：大家最近创意不足，我们再继续努力。

主管：别费劲了，发个通知让每个学生每天都点击下，每篇不就"30000+"了

小新：……

上面的两段对话，看似是笑话，却时而在现实中上演。

本章将首先从新媒体的定义及特征、高校新媒体的定义及运营模型等方面展开，让读者对新媒体及高校新媒体产生基本认知；接着围绕"以粉丝为中心"论述，帮助高校新媒体建立用户思维，明确高校新媒体平台的服务对象及定位等。

1.1　天天说新媒体，你知道它的定义吗

很多人天天在说新媒体，但如果你问他"什么是新媒体"或"新媒体的

定义是什么",通常很少有人能答出来,或者本能地以为新媒体就是指微信、微博或抖音。

1.1.1 新媒体的定义

在介绍"以粉丝为中心"前,先看下新媒体的基本定义和特征。

"新媒体"一词最早源于1967年美国哥伦比亚广播公司(CBS)技术研究所所长P.戈尔德马克(P.Goldmark)的一份商品开发计划书。1969年,时任美国传统政策总统特别委员会的主席E.罗斯托(E.Rostow)在向尼克松提交的报告中也多次使用了"new media"一词。由此,"new media"一词开始在美国流行并很快扩展至全世界。

关于新媒体(new media)的确切定义,业界和学界目前尚未达成统一共识。

从广义上讲,新媒体是一个宽泛的概念,指利用数字技术、网络技术,通过互联网、宽带局域网、无线通信网、卫星等渠道以及电脑、手机、数字电视机等终端,向用户提供信息和娱乐服务的传播形态。这个定义,虽然能帮助我们理解新媒体的内涵,但不能算是一个经典的定义。

从狭义上讲,新媒体是一个相对的概念,指"新兴媒体",是在报刊、广播、电视等传统媒体之后发展起来的新的媒体形态,包括网络媒体、手机媒体、数字电视等。这个定义有助于我们从现阶段理解新媒体,但称不上是一个科学的定义,容易被误解成"新出现的传统媒体"。

关于新媒体的定义,国内外专家各执一词。

早期,联合国教科文组织对新媒体下过一个定义:新媒体就是网络媒体。与之类似的是把新媒体定义为"以数字技术为基础,以网络为载体进行信息传播的媒介"。

清华大学熊澄宇提出,所谓新传媒,或称数字媒体、网络媒体,是在建立在计算机信息处理技术和互联网基础之上,且具有传播功能的媒介总和。它除具有报纸、电视、电台等传统媒体的功能外,还具有交互、即时、延展和融合的新特征。其用户既是信息的接收者,又是信息的提供和发布者。它是包括数字化、互联网、发布平台、编辑制作系统、信息集成界面、传播通道和接收终端等要素的网络媒体，已经不仅是属于大众媒体的范畴，而是全方位、立体化地融合了大众传播、组织传播和人际传播的方式，有别于传统媒体影响我们的生活的方式。

笔者认为，高校里所说的校园新媒体更多的是指以单位（学校或校内各单位）和师生员工个人名义建设、认证并作为单位信息平台运行的新媒体平台，包括但不限于微博、微信、抖音、快手、"B站"、网络电台等社交网络平台。

1.1.2　新媒体的主要特征

与传统媒体相比，新媒体具有即时性、分众性、信息的海量性、低成本的全球传播、检索便捷、融合性等属性，其主要特征有以下四点：

（1）技术上的数字化。我们可以从两个方面理解技术上的数字化，一是指新媒体是借助计算机传播信息的载体；二是指它集合了多种媒体表现形式，如文字、声音、图片、动画、视频等，可用一种或几种表现形式组合来进行传播，体现出新媒体载体的丰富性。

（2）传播上的互动性。传播上的互动性是新媒体的核心特征。与传统媒体最大的不同是，新媒体实现了类似于人际交流的双向信息传播模式，即互动性模式。因此，"没有互动性的媒体不能称为新媒体，如楼宇媒体、车载电视等不能称为新媒体"。

（3）订阅上的个性化。"人人都是自媒体"的时代使媒体平台数量更加庞大、传播主体更加多元、受众分化更加明显。传统、权威媒体平台的定位可能会被颠覆，用户可自行选择订阅自己感兴趣的媒体平台，如微信订阅号。从大数据的角度上讲，平台也会根据用户的上网行为习惯，运用大数据技术主动推送用户感兴趣的内容。

（4）内容上伪虚拟性。有这样一幅漫画：一条大狗坐在电脑旁边上网，旁边还有一条小狗。大狗对小狗说："在互联网上没有人知道你是一条狗。"事实是人们不仅知道你是谁，而且知道你早餐吃了什么、穿着什么衣服；你拿着手机到处转转，他们就知道你在哪里、你说了什么。你的隐私没有了，也许是在无意之间，但隐私就是没有了。"今天，你独处时在互联网上做的每一次点击，每一条消息发布，甚至每一次删除，不管你有没有加密或者设置访问权限，都会被原封不动地记录下来，而且存放在某个服务器角落里，无一遗漏，分毫不差。"

随着新媒体的发展，当把新媒体的传播者限定为个人时，他们就成了自媒体（we media），如个人博客、个人主页、个人日志等。当强调接收者由所有人变成基于社交网络的传播对象时，它们就成了社会化媒体（social media），如基于兴趣社交的微博、基于熟人社交的微信、基于知识社交的知乎等。

下面以微信为例，通过介绍其发展历程和主要特征，帮助读者加深对新媒体的定义及主要特征的理解。

微信（WeChat）是腾讯公司推出的一个为智能终端提供即时通讯服务的免费应用程序，支持跨通信运营商、跨操作系统平台通过网络快速发送免费（需消耗少量网络流量）语音短信、视频、图片和文字，也可以使用通过共享流媒体内容的资料和基于位置的社交插件。

微信功能发展大事记

2011年1月21日，上线微信1.0测试版，仅有即时通讯、分享照片和更换头像等简单功能。

2011年5月10日，2.0版本新增了语音对讲功能。

2011年8月，添加了"查看附近的人"的陌生人交友功能。

2011年10月1日，3.0版本加入了"摇一摇"和漂流瓶功能，增加了对繁体中文语言界面的支持，并增加港、澳、台、美、日五个地区的用户绑定手机号。

2012年3月，4.0版本增加了相册功能，并且可以把相册分享到朋友圈。

2012年7月19日，4.2版本增加了视频聊天插件，发布了网页版微信界面。

2012年8月23日，微信公众平台上线。

2012年9月5日，4.3版本增加了"摇一摇"传图功能、语音搜索功能。

2013年2月5日，4.5版本支持实时对讲和多人实时语音聊天，并进一步丰富了"摇一摇"和二维码的功能，支持对聊天记录进行搜索、保存和迁移。

2013年10月13日，5.0版本添加了表情商店和游戏中心，扫一扫（简称313）功能全新升级，可以扫街景、扫条码、扫二维码、扫单词翻译、扫封面。

2014年1月24日，微信订阅号增加自定义菜单功能。

2014年3月，开放微信支付功能。

2015年1月21日，6.1版增加了"附件栏发微信红包"功能。

2015年2月4日，微信团队在其公众平台发布抄袭行为处罚规则：第一次删文并警告、第二次封号7天、第三次封号15天、第四次封号30天、第五次永久封号。

2016年9月21日，微信小程序正式开启内测。

2017年1月9日，微信第一批小程序正式低调上线。

2018年1月31日，6.6.2版本支持双账号一键切换登录。

2018年2月，微信全球用户月活数首次突破10亿大关。

2018年8月7日，剔除机器等非自然阅读带来的虚假公众号文章阅读数。

2019年4月5日，将公众号文章"赞"改为"在看"，其他用户能够在"发现"下的"看一看"中看见你的"在看"和相对应的文章，如果在被你标注为"好看"的文章中进行评论互动的话，你的微信好友将能够在"看一看"中收到通知。

2019年11月，开始灰度测试公众号文章底部新增"相关阅读"功能。

2020年3月21日，微信iOS7.0.12版本上线，提供深色模式下使用微信的功能。

2020年6月17日，微信上线"拍一拍"功能。

2020年6月29日，微信公众号文章恢复"点赞"功能，新增"分享"按钮。

…………

微信是什么？微信能给我们带来什么？不同的人有不同的答案。你可以说微信是电子商务网站，因为你可以在上面购物；你可以说微信是信息门户网站，因为你可以在上面阅读新闻；你可以说微信是搜索引擎，因为你可以在上面搜索信息；你可以说微信是视频网站，因为你可以在上面观看视频；

你可以说微信是款运动手环,因为它可以记录运动信息……

微信是一个"半成品",需要通过每一个人的想象力、智慧去把它变成属于自己的"成品"。准确地说,微信不只是平台,更是一种思维。图1.1为微信公众平台与用户的关系模拟图。

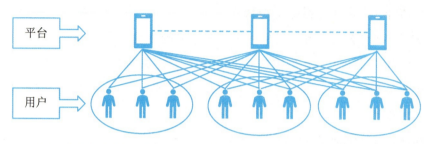

注:实线代表粉丝单向关注平台,虚线代表没有关系,圆圈代表用户间私密"朋友圈"关系。这种关系决定了同一个系统内,微信公众平台账号越多,运营合力越分散。

图1.1 微信公众平台与用户的关系模拟图

微信的基本属性有以下三点:

(1)通信属性。微信最开始的定位就是一款提供即时通讯服务的应用程序,可以跨通信运营商、跨操作系统平台,通过网络快速发送免费(需消耗少量网络流量)语音短信、视频、图片和文字。

(2)社交属性。微信是基于熟人间的封闭的、私密的社交平台,微信好友添加是双向的,微信朋友圈只有好友才能看到彼此的留言。微信的社交属性也决定了微信是网络舆论的关键战场,且带有一定的隐蔽性。

(3)平台属性。主要包括微信订阅号、服务号、小程序三大类平台。微信订阅号主要定位是为用户提供信息和资讯,重媒体属性,每天可以推送1条群发消息(部分平台每天可推送多条消息),显示在"订阅号"文件夹中;微信服务号主要定位是为用户提供服务,重功能服务,1个月(自然月)内仅可以发送4条群发消息,显示在聊天列表中;微信小程序是一种不需要下载安装即可使用的应用,本质上是轻量的APP。

当前,微信公众平台影响力排名大多参考微信传播指数(WCI)计算。

(WCI)通过微信公众平台文章"整体传播力""篇均传播力""头条传播力""峰值传播力"四个维度进行评价,重在评估账号的原发微信文章的传播力,具体如表1.1所示。

表1.1 清博指数微信传播指数WCI模型

一级指标及权重	二级指标及权重	标准化得分
整体传播力 O (30%)	日均阅读数 $\dfrac{R}{d}$ (85%) 日均在看数 $\dfrac{Z}{d}$ (15%)	$O=85\%\times\ln\left(\dfrac{R}{d}+1\right)+15\%\times\ln\left(10\times\dfrac{Z}{d}+1\right)$
篇均传播力 A (30%)	篇均阅读数 $\dfrac{R}{n}$ (85%) 篇均在看数 $\dfrac{Z}{n}$ (15%)	$A=85\%\times\ln\left(\dfrac{R}{d}+1\right)+15\%\times\ln\left(10\times\dfrac{Z}{d}+1\right)$
头条传播力 H (30%)	头条(日均)阅读数 $\dfrac{R_t}{d}$ (85%) 头条(日均)在看数 $\dfrac{Z_t}{d}$ (15%)	$H=85\%\times\ln\left(\dfrac{R_t}{d}+1\right)+15\%\times\ln\left(10\times\dfrac{Z_t}{d}+1\right)$
峰值传播力 P (10%)	最高阅读数 $R_{\max}$ (85%) 最高在看数 $Z_{\max}$ (15%)	$P=85\%\times\ln(R_{\max}+1)+15\%\times\ln(10\times Z_{\max}+1)$
	WCI=$O+A+H+P$	

注:R为评估时间段内所有文章(n)的阅读总数;Z为评估时间段内所有文章(n)的在看总数;d为评估时间段所含天数(一般周取7天,月度取30天,年度取365天,其他自定义时间段以真实天数计算);n为评估时间段内账号所发文章数;R_t和Z_t为评估时间段内账号所发头条的总阅读数和总在看数;$R_{\max}$和$Z_{\max}$为评估时间段内账号所发文章的最高阅读数和最高在看数。

WCI主要考核的是微信公众平台文章的阅读量和在看数（之前是点赞数）两个数据，反映的是平台内容的传播力，不足之处是无法反映微信文章内容的好坏。粉丝本身对文章内容有猎奇心理，如果不加管理，一些平台，甚至一些政务微信公众平台为了排行靠前也会"不择手段"，微信空间也很容易出现一些拉票投票、低俗色情、恶意炒作、造谣诽谤甚至错误导向的内容，影响网络环境。

微信的社会意义和经济意义在于将企业、个人在任何时间、任何地点以一种更为便捷的方式连接起来。但是，我们也应该看到其存在的不足正在制约其发展。

（1）微信"朋友圈"泛广告化。现在只要一打开微信朋友圈就会看到漫天的广告。集赞送礼、点赞有奖成为商家在微信朋友圈中进行的一种新兴营销方式。如今微信官方也一直在朋友圈里面做一些精准投放的广告，导致许多人打开朋友圈之后，总是能看到这些广告。

（2）微信公众平台同质账号泛滥。随着微信公众平台的普及，各单位、部门也纷纷开通公众账号。以高校为例，如今的大学校园新媒体平台遍地开花，不仅学校官方、校团委、校学生会、各院系学生会均开通了微博、微信等新媒体平台，各类社团、校园媒体、一些班级，甚至是某些学生个人也都在经营着新媒体平台。一位学生要关注十几个微信公众平台，有学校行政部门的、学院的、学生组织的、所在班级的等，微信公众平台的泛滥式增长带来了严重的同质化现象，导致微信公众平台推送内容打开率极低。

（3）微信公众平台优质内容匮乏。互联网时代，海量信息被创造和传播，水军成为常态，虚假信息大量泛滥，真实信息容易被掩盖，而生活的快节奏化又要求人们快速浏览真实且有价值的信息，因此，用户对优质内容、原创内容有了更高的要求。

1.1.3 高校新媒体

随着新媒体的快速发展，微博、微信以及其他APP客户端等新的传播媒介越来越受到青年大学生的追捧。互联网，特别是移动互联网已成为大学生获取信息和传播信息最重要的渠道。高校新媒体是指以单位（学校或校内各单位）和在籍在册师生员工个人名义建立、认证并作为单位信息平台运行的新媒体平台，包括微博、微信、微视频、网络视频直播账号、QQ公众平台、数字出版物以及APP移动客户端等。

高校作为意识形态工作前沿阵地，肩负着人才培养、科学研究、社会服务、文化传承创新、国际交流合作的重要使命，这也决定了高校新媒体最根本的功能是校园信息的采写与传播，具有思想政治教育与高校校园舆论监督引导的功能。从精神文明建设角度来说，高校新媒体不仅是独特校园文化传播的最佳渠道，同时是高校形象展示宣传的重要载体。高校新媒体已成为广大师生信息交流的重要平台，也是社会公众了解高校发展的重要窗口，更是各高校校园文化建设的重要载体和独特校风、校貌展示的重要舞台。

随着新媒体的快速发展，各类新媒体平台层出不穷，做好高校新媒体运营工作要弄清高校新媒体运营工作的本质，这样才能应对各类新媒体平台。高校新媒体运营从本质上来讲，包括定位层、业务层、组织层三个层次，高校新媒体运营模型如图1.2所示。

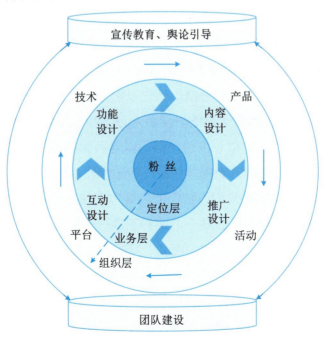

图1.2 高校新媒体运营模型

（1）定位层是指高校新媒体平台应明确服务对象，如高校官方新媒体的用户有本校师生、毕业校友、想要报考本校的学生及其家长、关注本校发展的社会公众等；高校团委新媒体的服务用户则是青年师生、团学组织、关心学校团学发展的校友及社会公众等。

（2）业务层由内容设计、功能设计、互动设计、推广设计等组成，这些方面的工作开展都要以定位层的用户为中心。

（3）根据高校新媒体运营业务要求，需要建立相应的组织，组织层包括团队、技术、产品、活动四个要素，最终实现高校新媒体宣传教育、舆论引导的目标。

1.2 以粉丝为中心，不能只停留在口头上

以粉丝为中心是新媒体所有运营技巧的核心，其他运营技巧均是围绕"粉丝思维"在不同层面来展开的。

1.2.1 粉丝不喜欢的"好作品"开始不再吃香

传统的作品优劣评定一般会采取专家学者评选的方法，在评选过程中，一方面由于选择评审的专家学者总是有限的，不能完全代表广大读者的喜好；另一方面，专家学者主要考察作品的思想、文采、结构等固有的评价标准，相对死板，这个时候评选出的好作品未必能得到大家的喜爱。

进入新媒体时代后，每一位粉丝都可以对新媒体作品表达自己的看法，他们只会阅读自己感兴趣的新媒体作品，转发点赞他们认同的观点，评论能产生共鸣的消息。对粉丝来说，他们的自媒体平台是他们的个人私有空间，任何人都不可强迫一个人关注某一个他们不喜欢的平台、阅读他们不感兴趣的作品、转发他们不认同的观点。因此，新媒体平台的粉丝数、新媒体作品的阅读数成了评价作品好坏的主要指标，人们纷纷对超10万、甚至超百万阅读量的作品充满期望。

高校肩负着立德树人的根本任务，高校新媒体平台理应肩负着弘扬主旋

律、传播正能量、构筑清朗网络空间的任务，面对新媒体新形势、新变化、新特点，高校新媒体要因事而化、因时而进、因势而新，遵循新媒体工作规律，推送思想性和吸引力高度融合的新媒体作品，避免进入两个极端：一是作品仅仅有思想性却"传不开"，这失去了创作作品的价值；二是作品仅仅有吸引力而无思想性，这背离了高校新媒体建立的根本初衷。

值得说明的是，现有的新媒体平台、新媒体作品排行榜指标体系过于看重数据，缺少对内容思想性的考核，这给各高校新媒体运营者带来了迷茫。如高校微信公众号综合影响力排行榜是通过WCI实现的，笔者建议相关单位建立集思想性和吸引力高度融合的高校新媒体平台正向影响力排行榜，既让数据在作品传播中发挥决定性作用，又让作品的思想性和正能量得以体现，杜绝低俗、投票、无营养类的内容出现在排行榜。

1.2.2 用"强制"手段做新媒体，不断闹笑话

2018年1月9日，《人民日报》发布《强推关注公众号 基层干群烦透了》的评论文章，揭露了一些部门和单位层层下任务，要求强行关注公众号、下载APP，基层干部每天一上班就得打开各类APP和公众号，发朋友圈、点赞并截屏反馈。群众来办事，要求办事群众先下载APP、注册并捆绑手机号、填写个人信息，有时还强行要求完成100条至200条下载任务，群众不堪其扰。因此，高校新媒体在运营时要避免出现上述情况，具体做法有以下三点：

首先，高校应该强化顶层设计，完善决策、项目论证和反馈机制，做新媒体技术适合做的事情，力避蜻蜓点水、急功近利。

其次，高校新媒体运营不能简单按"强制"模式推进，要遵循新媒体工作规律，遵循教书育人规律，遵循学生成长规律，不断提高工作能力和水平。

最后，要警惕新媒体形式主义，多利用新媒体新技术做服务师生的事情，不做给师生添麻烦的事情。

1.2.3 不只是你做了什么，而是粉丝感受到了什么

"你做了什么"和"粉丝感受到了什么"是两个不同的概念，在做新媒

体运营的过程中要基于粉丝感受、粉丝体验、粉丝参与，而非自话自说、自娱自乐。

首先，要明确服务粉丝。线上服务粉丝是由线下服务对象决定的，线上服务对象是由部门职能决定的。如学校官方新媒体平台的粉丝用户包括本校师生、毕业校友、想要报考本校的学生和学生家长、关注本校发展的社会公众等，而学校共青团组织新媒体平台的粉丝用户则包括青年师生、团学组织、关心学校团学发展的校友及社会公众等。这里既有交集也有并集，需要学校统筹管理，明确定位，从而形成合力。

第二，要明确平台定位。服务的粉丝类型和平台所在的单位属性基本就决定了平台定位。如某高校团委新媒体平台经过近几年的探索，确定了"按照教育部和共青团中央对高校新媒体建设的要求，围绕学校党政工作重心，以服务团员青年为宗旨，以引领青年为责任，以育人为根本目标，以团学活动为依托，以提升组织活力为核心，以'构建清朗网络，凝聚青年力量'为理念，打造成为具有学校特色、国内影响力的新媒体平台"的定位。

第三，为平台取一个易被粉丝记住且反映组织文化内涵的形象昵称，创造一个平等的对话环境。定形象的本质是变平台与粉丝的沟通方式由冰冷、严肃、不对等为亲切、轻松、平等，让平台成为粉丝的朋友。表1.2列举了我国部分高校新媒体平台形象昵称。当然，如果现在的平台已经具备和粉丝平等对话的能力，可以不通过形象昵称来过渡。

表1.2 部分高校新媒体平台形象昵称

昵称	平台名称	运营单位	寓意
小葫芦	合肥工业大学团委	共青团合肥工业大学委员会	"葫"取自合肥工业大学屯溪路校区内三国遗迹"斛兵塘"首字谐音，"芦"取自合肥古称"庐州"首字谐音，很好地结合了学校和当地文化，以植物"葫芦"为承载，形象头顶上的3片叶子代表着"引领凝聚青年、组织动员青年、联系服务青年"的团学职责，头顶上的红丝带代表着热情、奔放、乐观
小花梨	小花梨	共青团华东理工大学委员会	"小花梨"取校名简称"华理"的谐音，使用简单、生动、直白、接地气的网络语言，并寻找到了"梨"这个形象承载物，很好地深入到了新兴思维的年轻"网虫"内心，体现华理学生的审美偏好，通过卖萌的"花梨"形象和语言风格，改进学校和学生互动话语体系

续表

昵称	平台名称	运营单位	寓意
小葵	福师大小葵	共青团福建师范大学委员会	"小葵"两字寓意"向日葵",向日葵是向往光明之花,象征着爱、健康、快乐、活力,追求积极的正能量,取其青春阳光、积极向上之意,赋予其"爱·光明与正能量、忠诚·敬业与爱国心、责任·守护与荣校行、理想·信仰与凝聚力"的形象精神
小团子	中南小团子	共青团中南大学委员会	中南小团子是共青团中南大学委员会官方公众平台形象昵称,旨在为广大中南学子提供最新鲜、最好玩的校内外资讯。她不仅是个活泼的订阅号,还是一个萌妹子,更是"CSUer"的贴心小伙伴,拥有九大形象特点:颜值即正义、三观特正、知识面广、信息量大、全能选手、坚持原创、长情陪伴、深爱中南、双鱼座
Geek小将	西电青年	共青团西安电子科技大学委员会	Geek小将是西电共青团的卡通形象。其官微对其卡通形象做出如下介绍:"Geek吾名,查课表,查成绩,为学习不遗余力;推热点,讲新闻,谈娱乐风生水起。木欣欣以向荣,泉涓涓而始流。九层之台起累土,百年树人看日常。学子欲驰骋兮,小将导之路!"如今Greek小将已扩展出红军小将、网络安全卫士等形象,成为了传播正能量的校园文化的重要部分
小微	西南交通大学	西南交通大学	结合西南交通大学的办学特色,他们新媒体的形象主体是一列名叫"小微"的蒸汽小火车。小火车的外表是无法摧毁的钢铁,它承载着西南交通大学120年来的厚重文化和历史,代表着西南交通大学对中国轨道交通事业发展的贡献和期许。根据不同时代的标志性列车形象(如蒸汽机车、内燃机车、电力机车、动车),打造火车侠家族形象,获得了广大师生校友等粉丝的喜爱。"小微"不仅是西南交通大学新媒体代言人,更是该校园内一道独特的文化景观

最后,注重体验,让粉丝参与到所有的环节中去。新媒体平台运营忌讳自娱自乐,要"跳广场舞",而非一枝独秀,粉丝说好才是真的好。

1.3 高校新媒体运营"四梁八柱"模型

新媒体的特征和属性决定了高校新媒体运营思维方式不同于传统高校宣传工作,笔者结合高校新媒体运营实践经历,经过系统梳理,总结了高校新媒体运营必备的四种基本意识、八种思维，即"四梁八柱"（图1.3），包括政治意识、大局意识、服务意识、底线意识；用户思维、极致思维、简约思维、迭代思维、互动思维、产品思维、众智思维、联动思维。

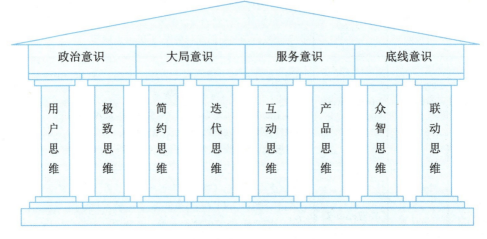

图1.3　高校新媒体运营必备意识、思维之"四梁八柱"模型

1.3.1　"四梁"：四种意识

1. 政治意识

高校作为意识形态工作前沿阵地，肩负着为实现中华民族伟大复兴的中国梦提供人才保障和智力支持的重要责任。当前，互联网，特别是移动互联网，成为大学生主要的信息来源地和思想集散地，深度重塑了他们的学习、生活、交往、思维方式。高校新媒体平台要坚持以马克思主义为指导，全面贯彻党的教育方针，以理想信念教育为核心，以爱国主义教育为重点，以思想道德建设为基础，坚持不懈地培育和弘扬社会主义核心价值观。

2. 大局意识

高校新媒体平台要在围绕中心、服务大局的前提下找准坐标定位，牢记平台责任，不断解决好"为了谁、依靠谁、我是谁"这个根本问题。只有拥有足够的大局意识，高校新媒体才不会在信息传播中只求快不求准，不会在事实真相未明之际逞"匹夫之勇"，不会轻易为"抢风头"而"欲速则不达"，浪费精力和时机。

3. 服务意识

不管高校新媒体平台如何变换、更替，服务依然是高校新媒体平台的核心任务。高校新媒体平台只有在一次次帮助师生解决问题的过程中，一次次推送师生刚需服务信息的过程中，才能建立起粉丝对平台的信任，增进粉丝与平台的感情。高校新媒体平台要建成青年师生想得到、找得着、靠得住的网上沟通平台、网上教育平台、网上师生之家。

4. 底线意识

在追逐高阅读、高排名、高粉丝的过程中，不少高校新媒体平台争奇斗艳，使出了浑身解数。但要知道，传统媒体该守的底线，新媒体一条也不能松。高校新媒体平台必然要回归深度和内涵，高校新媒体平台要为创建风清气正的网络思想政治教育新阵地服务。

1.3.2 "八柱"：八种思维

新媒体的特征和属性决定了高校新媒体运营思维方式不同于高校传统的宣传工作，高校新媒体工作又具有一些新的变化，这就需要我们具备一些适应这些变化的思维方式。总的来说，包括用户思维、极致思维、简约思维、迭代思维、互动思维、产品思维、众智思维、联动思维八种。

1. 用户思维

用户思维也叫粉丝思维，是核心，其他思维均围绕用户思维在不同层面展开。主要包括以下法则：

（1）要明确服务用户，以用户为中心。

（2）根据服务用户确定新媒体平台定位，形成运营理念。

（3）和用户交朋友，和用户平等对话。

（4）坚持用户体验至上。

2. 极致思维

极致思维是指不发布自己不满意的产品，打造让用户"尖叫"的产品。高校新媒体运营人员要比粉丝知道的多，要成为负责方向或选题的专家，粉丝不知道的事比知道的事更有意义，开发的网络产品要超过粉丝的预期。主要包括以下法则：

(1) 问题导向，抓准需求。

(2) 不厌其烦，反复推敲。

(3) 专注深耕，打造精品。

(4) 敢于创新，超前谋划。

3. 简约思维

简约思维包括三个要求：看起来简洁，用起来简便，说起来简单。主要包括以下法则：

(1) 简约不是表象，而是本质。

(2) 简约不是堆积，而是提炼。

(3) 简约不是"多粗丑"，而是"少精美"。

(4) 简约不是正确的"废话"，而是能听懂的"普通话"。

4. 迭代思维

"万丈高楼平地起"，创作优秀的网络文化产品并不是那么容易的。高校新媒体运营团队每年更新交替快，若很多工作都是停留在每年重复"打地基"的阶段，就是没有运用好迭代思维。主要包括以下法则：

(1) 可以不十全十美，但要追求十全十美。

(2) 可以犯微小错误，但要及时纠正完善。

(3) 是持续继承创新，不是全部推倒重来。

(4) 是注重粉丝反馈，不是拍拍脑袋决定。

5. 互动思维

互动性是新媒体主要特征的核心特征，高校新媒体平台如果不去或不善于与粉丝互动，新媒体运营最终也将成为"交作业"式的工作应付手段。主要包括以下法则：

(1) 不问也答，有问必答，永远在线。

(2) 让粉丝尽可能多地参与到新媒体线上线下运营中去。

(3) 是真诚温暖，切身感受，不是居高临下，颐指气使。

(4) 是首问负责，全程跟踪，不是互相推诿，不了了之。

6. 产品思维

新媒体运营，尤其是高校新媒体工作运营，如果没有出彩的网络文化产品，很难给师生留下深刻的印象，即"无产品，无原创，无亮点"。主要包括以下法则：

（1）文字，依然是最有力的思想武器。

（2）短（微）视频，未来新媒体重要利器。

（3）文图声光电多媒体融合，将成为新常态。

（4）新选题快做，老选题深做。

7. 众智思维

"独行快，众行远。"不能将高校新媒体平台做成某个运营团队的平台，把众粉丝隔离在平台以外，应当充分发挥粉丝的能量和智慧，如某高校团委围绕立德树人根本任务和学校党政中心工作，根据不同时间段，推荐采用分时段、分主题、分形式的组织形式创造性打造系统化、精品化的校园网络文化品牌——"斛兵杯"新媒体文化节暨新媒体创意产品设计大赛。众智思维主要包括以下法则：

（1）众创，让粉丝参与到作品的创作之中。

（2）众传，让大家传播大家。

（3）众评，善于听粉丝的声音。

（4）众享，成果由大家共享。

8. 联动思维

一个组织通常运营着不同类型的新媒体平台，也可能运营着同一类型不同定位的平台（如官方号和草根号等），不同的新媒体平台又具有不同的特性，要发挥相应平台优势，避其不足，全面、立体、深度展示宣传内容。主要包括以下法则：

（1）不同部门，不同（类型）平台，各有侧重，各司其职。

（2）不同部门，同类平台，矩阵联动，形成合力。

（3）同一部门，不同（类型）平台，相互联动，横向发力。

（4）同一部门，同一平台，形成系列，纵向发力。

第2章 "三位一体"组织架构
让你的团队像动车一样疾速

社团指导老师：主席，请写一下今年的新媒体创意产品大赛的策划书。

主席：副主席，请写一下今年的新媒体创意产品大赛的策划书。

副主席：部长，请写一下今年的新媒体创意产品大赛的策划书。

部长：副部长，请写一下今年的新媒体创意产品大赛的策划书。

副部长：干事，请写一下今年的新媒体创意产品大赛的策划书。

干事：好的。

（一周后）

干事：副部长，新媒体创意产品大赛的策划书已写好，请查收。

副部长：部长，新媒体创意产品大赛的策划书已写好，请查收。

部长：副主席，新媒体创意产品大赛的策划书已写好，请查收。

副主席：主席，新媒体创意产品大赛的策划书已写好，请查收。

主席：老师，新媒体创意产品大赛的策划书已写好，请查收。

老师：（看完后，提了点问题）再根据意见修改下。

…………

如此反复循环，直至满意。

这种工作模式虽能发挥朋辈辅导作用，但是已显然不适应新媒体工作需求，如果是一篇追踪热点的微信文章，等微信文章定稿，热点早变"冷点"。

本章的主要任务在于解决高校新媒体团队组织建设问题。首先从高校新媒体团队组织架构现状及存在的问题展开，系统介绍了"金字塔"式和扁平式组织架构的优劣，最后详细介绍了高校新媒体团队管理中常见的问题及解决思路。

2.1　高校社团管理"金字塔"式的组织架构突然失灵

高校社团管理"金字塔"式组织构架最初是从企业管理中引进而来的，能较好地发挥朋辈辅导作用，社团指导老师指导高年级学长、学姐，高年级学长、学姐指导低年级同学，但如果简单地把"金字塔"式组织架构生搬硬套到新媒体类社团业务工作中，就会暴露出这种组织架构的劣势，导致沟通环节过多、时间成本过高、创作效率低下。

2.1.1　组织及组织架构

组织是指为了实现共同目标，完成共同任务，按一定的规则和程序组成的具有特定行为功能的人类群体，是人们进行集体性活动的必要基础和条件。这是最一般意义上的组织含义，可泛指各种各样的组织，如企业、学校、医院、军队、工会、社团等。组织架构是一个组织实体为实现其特定目标，完成其工作任务，在职责、职权等方面进行划分所形成的分工协作体系，其核心是组织实体通过设计所形成的正式职务结构及其相互关系，包括正式的上下级报告负责关系，部门组成的方法和各组织成员之间有效沟通、整合、协调的手段等。

2.1.2　"金字塔"式组织架构

高校新媒体运营核心竞争力是由其学生社团团队综合素质决定的。高校学生社团是指由高校学生依据兴趣爱好自愿组成，为实现成员共同意愿，按照其章程自主开展活动的群众性学生组织。

学生社团是我国校园文化建设的重要载体，是高校第二课堂的引领者，其主要组织架构形式是借鉴于企业管理学中的"金字塔"式组织架构（图2.1），主席团位居塔尖，一般为高年级同学；部长团在中间，一般为中年级同学；干事在最低层，一般为低年级新生同学。

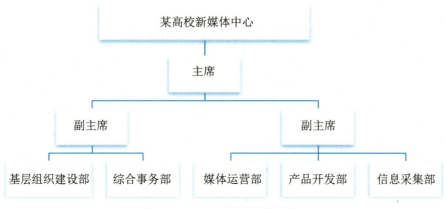

图2.1 "金字塔"式组织架构

"金字塔"式组织架构的主要优点是：可充分发挥学生社团组织自我教育、自我管理、自我服务、自我监督的职能，利用高校高年级同学的成长经历优势指导刚进入大学的低年级同学。其缺点是：组织臃肿，很多副职和中层都是"二传手"，沟通效率低下，这与新媒体运营工作特点的及时性强极不适应。试想一下，一个热点新闻经过这样的流程后，可能作品还没出来，热点早已过了。

2.1.3 扁平式组织架构

扁平式管理，亦称扁平化管理，是现代企业在传统的层级较多、效率相对较低的"金字塔"式组织架构基础上提出的一种新型管理模式，被小型企业广泛使用，强调以工作流、信息流为中心，目的在于减少管理层级、提升管理效率。

扁平式组织架构的优点是：能够缩短决策半径，信息传递速度快、失真少，提高管理效率，比较能适应新媒体运营及时性强的工作要求。其缺点是：主管人员的管理幅度大，负担重，精力分散，难以对下级进行深入具体的管理；横向信息沟通不灵；容易造成工作人员的本位主义思想；不利于培养团队组织中的综合管理人员。

任何一种组织架构都有相应的优缺点，在新媒体实践运营中，要充分发挥"金字塔"式与扁平式组织架构的优点，避免其缺点，打造"金字塔"式与扁平式"两位一体"组织架构体系：涉及团队建设、组织建设、思想建设等相关的工作时，要着重发挥"金字塔"式组织架构的优点；涉及新媒体创作、新媒体运营、新媒体技术等相关工作时，要充分发挥扁平式的组织架构的优点。

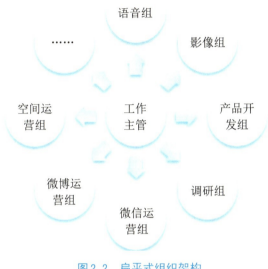

图2.2 扁平式组织架构

另外，为实现学校网络信息的上下联动、资源共享，可建立线上线下、校–院–班级（社团）三级"网络化"组织架构，共同发声，形成合力。

2.2 化解新媒体运营上手周期长与高校团队成员更新快的矛盾

新媒体运营工作相对高校其他学生社团工作而言，政治性要求更高、技术性要求更强、潜在风险性更大，需要更长的时间去学习、实践。高校社团或学生团队的特点是每学期初招新，一般以一学年为周期进行换届，这与新媒体运营工作技术性强、上手周期长产生矛盾。大部分学生在社团工作周期是一年，如何让学生对新媒体工作尽快上手，是摆在所有高校新媒体运营团队负责人面前的棘手问题。

2.2.1　建立精细化、程序化、标准化日常工作细则

刚加入团队开始做新媒体运营工作的"新手"可能不知道自己需要干什么、怎么干、有什么注意事项，而新媒体运营工作中有部分工作是可以程序化、标准化的，如微博运营、选题会流程、微信排版、微信推广等。一份精细化、程序化、标准化的日常工作细则就好比是一部电影的脚本、建筑大厦的蓝图，可指导"新手"工作，确保团队成员全面、详细地了解自身日常工作内容。

某高校团委新媒体中心微信排版日常工作细则

微信排版等于给文章加"特效"，最终目的是让粉丝赏心悦目、条理清晰的阅读内容，要树立"所排版内容皆可设计，所设计内容皆需规范，所规范要求皆服务内容"的思维。

（1）校验文字。首先要对内容进行认真阅读，检查是否有错别字、病句等问题，然后根据内容选择对应的主题风格。

（2）风格选择。排版的目的是让内容更加具有可读性，要善于运用线条、方框等效果区分不同段落之间的逻辑层次与结构。

（3）文字排版。同一篇文章一、二、三级标题格式要统一并与正文格式协调，正文文字行间距可以是1.5倍/1.75倍/2倍，字体大小一般为14px/15px/16px，字体颜色75%灰度，重点强调内容用红色字体突显。

（4）段落排版。首行可以不缩进2字符（但整体要统一），不同段落中间空一行，短句、散句居中排，整段排列采用两端对齐格式。

（5）图片要求。保证分辨率，上传前务必处理一下图片亮度、水印等，并注意标明图片版权信息及出处。头条封面图片尺寸一般为900 mm×500 mm，风格保持一致，统一logo。正文图片尺寸遵循宽度640 mm×400 mm的标准，图片要求清晰明亮。

（6）文章审核。在规定时间内，将排版文章发至微信群审核，由当天的责任编辑及指导老师提出修改意见，值班人员进行完善，直至完成推送。

（7）留言筛选。微信推送后（尤其是第一小时）要注意观察后台留言，并做好回复和留言筛选工作，如发现问题，做好突发事件处理。

2.2.2 开设规范化、系统化、课程化新媒体培训班

高校新媒体运营技术门槛高，对运营工作人员的综合素质要求相对较高，笔者初步整理了高校新媒体运营需要具备的能力，主要有：选题与新闻敏锐能力、网络素养和文字能力、摄影摄像及处理能力、微博空间类运营能力、微信排版及编辑能力、团队管理及组织能力、无止境创新创意能力等。精细化、程序化、标准化的日常工作细则可以确保新手尽快熟悉日常工作，但对于新媒体发展、新媒体理论、新媒体技术、新媒体运营等系统性、专业性强的内容，还需要开设规范化、系统化、课程化新媒体培训班，提高团队成员运用新兴媒体的能力，全面提升团队核心竞争力。如某高校新媒体中心团队经过几年的实践探索，提炼总结了近10套新媒体培训课程（表2.1），并开设培训班，形成了"搭建团队—集体备课—课堂施教—课后作业—学生评价—查漏完善"的培训体系，得到了校内青年学生和兄弟高校的热烈响应。

表2.1 某高校新媒体团队开发的新媒体课程

序号	课程名称	培训内容
1	互联网时代,你是天才,还是疯子?	互联网的发展历史、互联网时代的信息传播特点等
2	捕光逐影 定格精彩瞬间	摄影技术、图片处理、摄影构图与意识、手机摄影等
3	光影片段 记录身边百态	视频拍摄技巧与手法、视频处理软件、拍摄流程等
3	排图布字 塑造美丽心灵	微信排版文字、配图、行间距、标点、配色、互动等
4	新媒体运营思维之"独孤九剑"	9种新媒体运营思维,转变传统媒介运营思维方式
5	新媒体运营技巧之"降龙十八掌"	18招新媒体运营技巧,从此"菜鸟"变"大神"
6	网络安全素养之"六脉神剑"	识别网络谣言、保护网络隐私、远离网络诈骗、抵制校园网贷、拒绝网络暴力、适度网络游戏

续表

序号	课程名称	培训内容
7	破解微信"双题"大头痛难题	新媒体时间轴、创意选题、容易引爆的选题等；优秀标题赏析、优秀标题特点、如何起标题等
8	运营与管理：高校新媒体运营理论研究	高校新媒体运营研究、重要文件精神解读、领导人讲话相关内容解读等
9	技巧与创意：新媒体网络产品开发	创意图片、海报、手绘、语音、视频、直播等新技术
10	新媒体环境下班级团建开展与宣传	基层团支部如何利用新媒体更好地宣传、开展团支部活动，更好地与互联网时代接轨

2.3　解决高校学生在新媒体运营工作中学无所获问题

无论是何种形式、何种定位的社团，其最终目的还是育人。学生能在社团中获得什么能力、得到怎样的成长是社团负责人及指导老师必须思考的问题，同时也是社团成员在加入社团时应该考虑的问题，甚至是社团吸引力的重要因素。高校新媒体类社团具有独特的育人优势。

2.3.1　夯实文字功底

有人曾经在大学里做过一次非正式调查，问学生们最近一个月内有没有主动写过800字以上的文章，答案是100多个人的班级仅有2~3人举手。无论是在求学期间，还是在未来工作中，文字功底都显得尤为重要。在大学期间，大学生很少有专门训练文字功底的机会，写日记、写书信这些传统的写作方式也使用得越来越少，部分大学生对事物的赞美局限于"太棒了""好赞啊"等，离开电脑甚至写不出一篇合格的长文章。文字功底从本质上来讲是由思想、立意、表达三部分组成，思想即文章写作意义，立意即文章写作构思，表达即文章呈现方式。高校新媒体类社团可以提供给学子们锻炼文笔、抒发情感、表达观点的舞台，激发学生们主动阅读、感受生活、独立思考的内生动力。

2.3.2 提高审美修养

所谓审美，就是一个人欣赏、品味或领会身边事物或艺术品美的能力。蔡元培先生认为，美育的目的在于陶养人的感情，认识美丑，培养高尚的兴趣、积极进取的人生态度。在美育中，会引导孩子净化心灵，养成高尚纯洁的人格，追求一切美好的事物。审美是一种修养，一个人只有懂得审美，才不止是在生存，而是在生活了，是一个人热爱生活，幸福生活的重要表现。高校新媒体工作内容涉及文字、图片、音频、视频等多种载体，新媒体作品中一段段优美的文字、一幅幅精美的图片、一声声纯美的声音、一帧帧唯美的画面都应该是一件美的作品，甚至是一件艺术品。新媒体作品创作的过程有利于帮助学生增强欣赏美和创造美的能力，提升精神境界和高尚追求。

2.3.3 学习影像技术

摄影摄像技术到底有多重要，举个最简单、最平常的例子，明明是一可爱的萌妹子，偏偏被男友拍成了矮丑胖，肯定少不了一通埋怨。摄影摄像及后期处理技术是新媒体运营人员必备的能力。换句话说，高校新媒体类社团组织可以为学子们提供学习摄影摄像拍摄技术、设备操作方法、影像后期处理技巧等平台。

2.3.4 培养敏锐眼光

敏锐是指人洞察力强、感觉灵敏、眼光锐利、反应迅捷，这应该是很多人羡慕的能力。敏锐眼光从何而来？它不是凭空产生的，而是需要依靠后天学习积累和实践的历练，在工作和生活中经过厚积薄发的思考而练就的。高校新媒体工作人员需要具备敏锐的选题意识，对大家认为稀松平常的事件，能及时寻找到具有宣传价值的线索；对大家一知半解、人云亦云的事情进行深度挖掘、梳理，了解事情的始末。

2.3.5 厚植创新能力

创新似乎是个"老"命题，但是对高校新媒体工作者来说，它有着更丰富的内涵。新媒体这项载体本身就包括了创新的属性，没有创新就没有新媒体。换句话说，新媒体运营需要无止境的创新能力，可以是宣传理念创新、宣传风格创新、宣传选题创新、宣传内容创新、宣传形式创新、宣传载体创新、宣传版式创新等，新媒体运营本身也是持续挑战自我、战胜自我、超越自我的创新过程。

2.3.6　开拓职业视野

随着新媒体时代的到来，越来越多的企业、事业单位、政府机关等组织开始重视新媒体这种载体并将其作为主要的宣传阵地，但现实是大部分高校还没有设立新媒体运营相关的专业，这种格局下造成整个社会对新媒体人才的需求与新媒体人才短缺的矛盾。对于极其热爱新媒体运营的学子们，甚至可以将新媒体运营作为个人职业发展的选择之一。

【福利贴：某高校共青团新媒体培训班招生通知】

为提高青年学生运用新兴媒体的能力，促进青年文明上网，加强各基层团组织网上共青团建设，构筑清朗网络空间，使共青团新媒体培训更加规范化、系统化、课程化，发挥新媒体工作在青年思想政治引领、综合素质提升、创新意识培养等方面的作用。经研究决定，校团委将举办第五期共青团新媒体培训班，具体招生事宜如下：

1. 培训对象

采用组织推荐与个人报名结合方式择优录取，组织推荐主要面向校院两级学生会、研究生会、团属社团宣传部门等主要学生骨干，拟招收学员不超过120人。分别由各基层团委、直属团学组织向校团委推荐，由校团委审定，招生范围及推荐名额如下：

（1）校学生会可推荐不超过5名同学。

（2）校研究生会可推荐不超过5名同学。

（3）各基层学院团委可推荐不超过5名同学。

（4）其他感兴趣报名同学名额不超过15人。

2. 培训时间

(1) 报名时间：10月15日~10月21日。

(2) 培训周期：每2~3周1次课程，具体培训内容见附件。

(3) 培训时长：分5次授课，每次课程约2个小时，具体时间另行通知。

3. 有关要求

(1) 按照《××大学"第二课堂成绩单"制度实施办法（暂行）》（×大政发〔2019〕70号）精神，结合日常表现，给予考核"优秀"学员第二课堂成绩单"文艺活动"相应星级认定。

(2) 每期培训学员必须按要求完成培训班所设置的课程。不得无故缺课，如遇特殊情况可与相关工作人员请假。无故缺课2次以上、请假3次以上、课后作业完成情况低于60%，不予颁发结业证书，且在"第二课堂成绩单"平台记录为"不合格"。

(3) 所有课程结束后，每名学员需根据自身情况提交一份网络文化结业作品，形式自选，摄影/手绘/漫画作品要求为一组图（约8~10张），视频作品要求控制在3~5分钟，微信文章要求为1篇文章，微博类要求为一组作品（自选话题，8~10条）等。

4. 报名方式

要求各基层团委、校学生会、校研究生会10月21日前将本单位学生报名推荐表（附件2）、汇总表（附件3）统一报送至校团委（纸质版交至：××校区大学生活动中心××室，电子版发送至指定邮箱），个人报名直接将报名表电子版发到指定邮箱即可。

共青团××××大学委员会

2019年10月15日

第3章 微博"##"的巨大魅力

让所有人成为你的粉丝

主管：我们的微博粉丝这么少，怎么增强影响力呢？

小新：这个问题值得深思。

主管：我们的新媒体平台排名又下降了，可有什么办法？

小新：听说是有专门的评价指标。

主管：我们的微博都没人看，为什么网络舆情却都是从微博开始发酵的？

小新：粉丝快到碗里来。

主管：某平台又闯祸了，我们要如何加强监管？

小新：我来查查他们都是怎么任性的。

主管：又有粉丝举报被运营团值班队成员"怼怼"，是怎么回事？

小新：我们反省。

…………

每日几问，小新何其痛苦。

本章的主要任务在于解决微博运营中存在的一些问题。首先，介绍了微博的定义、发展及基本属性，帮助读者建立对微博的认知。接着，阐述了微博影响力排名考核指标及存在的问题，帮助高校新媒体运营者建立正确的"排行观"。然后，系统介绍了微博话题"##"的本质及微博运营模式和技巧，最后提出微博运营一些的禁忌。

3.1 认识微博

运营微博，首先要了解微博是什么、微博的基本属性是什么、微博影响力排名指标有哪些等，运营者要比普通用户对微博的本质有更深刻的了解，本节主要分析以上问题。

3.1.1 微博的定义和基本属性

微博，即微博客（micro blog）的简称，是一个基于用户关系的信息分享、传播以及获取平台。国际上最早、影响力最大的微博是美国的Twitter，国内影响力最大的是新浪微博。在这里以新浪微博为例（以下简称"微博"）来进行说明。

新浪微博功能发展大事记

2009年8月14日，新浪微博开始内测。

2009年9月25日，新浪微博正式添加了@、私信、评论、转发功能，供用户交流。

2010年11月5日，新浪微群开始内测，微群产品具备了通讯与媒体传播的双重功能，被视为网页版的"QQ群"。

2012年1月5日，悄悄关注功能，正式上线。

2013年1月31日，新增"密友"功能，强化私密社交圈。

2013年2月20日，用户数超过5亿，日活跃用户数达4620万。

2013年10月29日，以用户主动订阅为基础的新浪微博"粉丝服务平台"正式上线，推出开发者模式。

2014年3月17日，新浪微博正式登陆纳斯达克。

2015年1月20日，微博取消140字的发布限制，改为2000字。

2016年5月13日，移动直播"一直播"上线。

2016年8月16日，"超级话题"功能上线。

2016年8月28日，推出二级评论回复聚合显示、上线博主翻牌等功能。

2017年3月23日，推出网红电商平台，汇集垂直领域电商红人、电商企业和电商服务商，实现资源共享。

2018年2月28日，面向头部用户和正式会员用户开通评论审核的功能。

2018年10月13日，"一直播"业务已正式并入微博。

2018年10月29日，微博暂停"微博城市校园账号代运营项目"。

2018年11月1日，微博暂停对不满14周岁的未成年人开放注册功能。

....

微博是一款为大众提供娱乐休闲生活服务的信息分享和交流平台，兼具媒体属性和社交属性，能带来核裂变级传播效应，这也是微博的基本属性。

1. 媒体属性

微博具有简单易用、主动性强、及时性强等优势，这些优势决定了其能成为人们重要的消息来源，并在一定程度上影响重大新闻事件的发展。

2. 社交属性

作为一种社交网络平台，微博可以进行单向的关注，不需要双方的互相确认就能查看对方主页上的更新信息，其与用户之间的关系图如图3.1所示。微博的即时通信功能决定了其必然成为网络社交的重要工具。

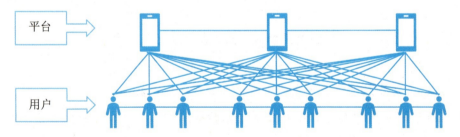

注：实线代表平台与平台、平台与粉丝、粉丝与粉丝间的单向或双向关注关系。这种关系决定了同一个系统内，微博平台账号越多，运营合力越强。

图3.1 微博公众平台与用户的关系模拟图

以上属性决定微博依然是最好的传播引爆平台，依然是网络舆论的关键战场。

3.1.2 微博影响力排名考核指标

微博影响力排行榜排名主要是参考微博传播指数 BCI（Micro-blog Communication Index，BCI）大小计算。BCI 通过微博的活跃度和传播度来反映账号的传播能力和传播效果。以微言教育（教育部新闻办官方微信公众平台）发布的清博指模型为例（表3.1），BCI 重在评估账号的原发微博传播力，旨在鼓励发布高质量原创内容。采用数据有：发博数 X_1、原创微博数 X_2、转发数 X_3、评论数 X_4、原创微博转发数 X_5、原创微博评论数 X_6、点赞数 X_7。BCI 更多的是考核平台的发博数及发布的微博被转发、评论、点赞数等相关数据，反映的是平台和发布微博的活跃度和传播度（或热度），不足之处是不能反映内容的好坏。粉丝本身对网络内容有猎奇心理，如果不加强管理，热搜榜、热门话题榜等排行榜很容易出现低俗色情、恶意炒作、造谣诽谤甚至错误导向的内容，影响网络环境。

表 3.1 微言教育微博 BCI 模型

一级指标及权重	二级指标及权重
活跃度（25%）	发博数（30%）
	原创微博数（70%）
传播度（65%）	被转发数（25%）
	被评论数（15%）
	原创微博被转发数（30%）
	原创微博被评论数（20%）
	被点赞数（10%）
互动数（10%） 与@微言教育的互动度	二次转评数/5（10%）
标准化方法：$\ln(x-1)$	
传播力=160×（25% 活跃度+65% 传播度+10% 互动度）	

微博的社会意义在于推动社会的民主化，促进企业营销，有助于公民社会的形成。但是微博亦是一把双刃剑，微博的不足正在制约其发展。

1. 发布信息的不确定性

人人均可在微博上发布信息，这些信息可能未经核实，随意性强，真实性无法保障。另外，微博上"水军"成为常态，真实信息被大量虚假信息掩盖，微博上一系列虚假事件进一步突显了微博信息可信度低的问题。这些没有经过认证的信息甚至可能引发社会恐慌，扰乱社会秩序。

2. 平台实质的泛娱乐化

每条微博内容简短的特征必然导致信息传播的碎片化。在碎片化时代，深度内容成为一种稀缺资源。打开微博，访问量最高的微博几乎是娱乐明星的微博或者是明星的娱乐八卦。

3. 商业营销的恶俗炒作

通过微博进行商业炒作提升人气是微博的一种重要功能，但某些别有动机的商业公司利用微博的这一功能，进行恶俗炒作，甚至成为商业虚假信息的制造工厂和传播源。

3.2 认识微博话题"##"

"##"代表一个话题，发表后点击"##"里的文字就可以看到所有谈论过这个话题的微博，这相当于网站栏目划分，本质上是后台数据分析符号。2016年8月16日，新浪微博"超级话题"功能上线，"超级话题"的本质类似于百度贴吧的发帖、签到模式，主持人可以设置多位，用户可以每天签到、关联自己的普通话题、建立相应微博群，还可以在话题中交流、互评等。微博运营者要深刻理解话题"##"的深刻内涵，让话题"##"发挥出它特有的巨大魅力，让所有人成为你的粉丝。

3.2.1 申请自身话题，打造特色栏目，常用常推广

某高校官方微博结合自身定位和新媒体平台"冰糖"形象特点，开设并持续创造了众多师生喜欢的特色话题。例如，话题#冰糖么答#，总结一周校园要闻，通过有奖问答形式让粉丝竞答；话题#冰糖串串烧#，紧跟校园内

外热点焦点，广泛征集引导粉丝评论；话题#冰糖帮你忙#，积极收集、解决粉丝反馈的问题，服务学校管理工作；话题#冰糖小百科#，解读校园建筑、花草、历史等文化，激发同学爱校荣校情怀。

3.2.2 借势热门话题，推广自身内容，常看多联系

微博提供了热门话题榜的功能，热门话题榜是指在一定的时间内被传播得最广的话题，其主要作用就是传播，让更多的人看到正在热议的新鲜话题。微博运营者在发布自身内容前也要经常浏览热门话题榜，寻求自身内容与热门话题榜话题的联系。如在开学季、教师节等学校热点日期前后可浏览热门话题榜排名靠前的相关话题是怎么命名的，然后在发布自身内容前加上该话题，这样被更多粉丝浏览的可能性就大大增加，其阅读量甚至比原平均阅读量高出十倍、百倍。

综上所述，微博运营者在日常发布微博时，可以加上两个话题"##"，一个是微博热度排行榜相关话题，另一个是自身运营微博的特色话题。同时提醒高校新媒体运营者在"蹭热点"、加热搜话题的时候，要注意确保信息的可靠性，要时常问问自己的初心和平台的定位是什么，不能为了"上热搜"而"上热搜"。

3.3 微博运营模式和技巧

新媒体平台特点决定了其运营模式。微博即时性强的特点决定了微博大部分内容准备周期相对较短，微博的互动性强决定了微博运营不单是发布内容这么简单等。高校微博运营具有一定的独特性，一般是建立7~10人的运营小组，实行日值班制度，小组组长和指导老师等多重审核，下面介绍高校微博运营团队工作的一般模式。

3.3.1 建立签到制度

如某高校团委微博运营要求当天值班同学早上7：00左右在QQ群中签

到，代表进入值班工作状态，随后发布第一条微博——#×× 早安#。晚上10：00点左右发布最后一条微博——#×× 晚安#，在QQ群中签退，同时@第二天值班同学以示提醒，代表当天值班结束。

3.3.2 规范发布格式

如某高校团委微博运营要求一条微博一般应包括"#话题#"、【标题（可无）】、正文、尾句、链接（如需要）、出处、4/6/9宫图等元素，如表3.2所示。话题"##"是为了分类和吸引更多粉丝看到。标题是对整条微博内容的亮点提炼，放在"【】"中。正文是微博的主体内容，一般控制在40~140字。尾句的目的是为了增强和粉丝的互动，吸引粉丝关注和评论。如果微博内容比较多或有出处，可以把链接附在正文中，以便感兴趣的粉丝详细了解。如果内容或图片非原创，需征求原博主的同意，并在微博正文加上来源，如@或via 图源，以免发生版权纠纷。

表3.2 某高校微博构成运营要求

元素	目的	要求
学校特色话题##	打造特色话题，形成平台特色	申请主持人，经常使用
相关热搜话题##（如有）	借势提升流量，扩大内容传播	及时浏览热搜，寻找共同点
微博内容标题【】	提炼微博亮点，增强浏览概率	短小精悍，聚焦亮点
微博正文内容	提供有效信息，合理提炼要点	条理清楚，通俗易懂，字数合理
微博尾句内容	吸引粉丝评赞，增强互动神器	联系内容，抓准痒点，注重形式
微博出处链接（如有）	标清内容出处，全面展示内容	格式：↓↓↓/链接/详情
微博出处备注（如有）	尊重信息来源，防止版权纠纷	图/文，Via，@出处
微博配图或短视频	辅助展示信息，美化微博排版	美化处理，统一风格

3.3.3 打造特色话题

话题可实现对内容的分类，并帮助运营值班同学界定发布内容的范围。高校微博发布内容一般有重大新闻类、思想引领类、信息服务类、校园文化类、权益维护类、网络热点类、舆情引导类、传统文化类以及其他重要节日活动等。

3.3.4 整理学习智库

微博运营者值班当天至少要提前准备5条及时性不强的微博作为备稿，在当天值班中，要频繁浏览学校官方网站及其他部门网站重要通知或新闻内容。此外，还应浏览其他学校官博、校团委官博、权威媒体官博、部分热门话题榜、部分粉丝好友的QQ空间、贴吧等内容，以便全面了解当天校内外热点。

3.3.5 设计群审机制

微博虽然方便删除与编辑，但在发布前也要务必确保内容无误，禁止出现错别字、病句、不合适甚至触及底线的内容等，因此，有必要建立群审制度，如某高校微博运营要求值班同学先把将要发布的内容上传至工作交流QQ群中，由值班同学、小组组长、指导老师等集体审核，确认无误后，再在平台上正式发布，以有效减少失误。

3.3.6 明确发布频率

发布频率过低可能会影响存在感，不利于平台推广宣传。发布频率过高可能会形成刷屏，造成粉丝产生厌烦感。高校微博运营以每1~2小时发布一条为最佳，每天发布6~10条微博，特殊情况除外。

3.3.7 主动友好互动

互动性是新媒体的核心特征，学会了互动性基本要领等于掌握了新媒体运营的核心要义。高校新媒体运营者要及时查看被@、评论、私信并及时回复，努力做到"有问必答，不问也答，随时在线"，对于不能解答的问题要及时在工作群中咨询老师，并做好跟踪，以"首问负责制"为根本，坚持"谁发布，谁负责，谁回复"的原则。关于如何更好地做好互动回复，维护青年学生权益，将在第五章详细展开。

3.4 微博运营容易陷入的几个极端

高校新媒体是移动互联网时代高校联系师生、服务师生、对外宣传的重要渠道。近年来，高校新媒体宣传工作取得了较好的成效，但部分高校新媒体仍然存在信息发布不严谨、建设运营不规范、监督管理不到位等突出问题，如不顾形象娱乐追星、主动泄愤回怼网友、雷人雷语影响公信、信息失真误导舆论、随意转帖任性发声、疏于管理账号被盗、长期停更功能失效等现象，影响较为恶劣。高校新媒体运营要避免进入以下几个极端：

3.4.1 严肃刻板和低俗娱乐

严肃刻板和低俗娱乐是刚接触新媒体的运营者极易进入的两个极端：严肃刻板会将粉丝拒之门外，不符合新媒体运营特征和要求；低俗娱乐的定位与高校新媒体平台的定位和使命相违背。高校新媒体平台要根据发布内容采取相应的表达方式，内容应贴近校园生活实际，善于转化为"青言青语"，展现青年学生朝气蓬勃的精神风貌，讲好校园好故事，唱好校园好声音，增强学校的社会正面影响力。

3.4.2 唯排名论和不顾排名

影响力排行榜能反映平台和发布微博的活跃度和传播度（或热度），不足之处是不能反映内容的好坏。作为高校新媒体平台，一方面，要积极运营，提高运营平台的影响力，积极分析数据，善于取长补短，增强运营优势；另一方面，在发布内容的时候，要有底线意识，不能为了流量"哗众取宠"，最终"走火入魔"，失去了高校新媒体平台运营的"初心"。

3.4.3 自娱自乐和唯粉是从

调查显示，部分高校新媒体平台，特别是学校二级部门、学院运营的新媒体平台，开通平台只是为了写总结汇报截图好看而已，管理权限完全由学生"把持"，平台运营基本处于瘫痪状态或半瘫痪状态，发布的内容也基本是自娱自乐。还有部分高校过于"重视"粉丝，甚至达到了唯粉是从的地步，对于粉丝发表的不文明、不正确、消极的评论不敢发声或视而不见，缺乏基本的政治性、原则性、战斗性，这是不应当的。

3.4.4 技巧主义和不用技巧

当新媒体技巧大于发布内容思想高度的时候，会给人"花拳绣腿"的感受，时间久了，粉丝自然也会离你而去。新媒体技术日新月异、新媒体观点层出不穷、新媒体热点此起彼伏，新媒体运营者已进入了一天不学习就会被淘汰的时代。这就要求我们既要认真研读新媒体运营技巧，又要重视思想政治理论知识学习。

【福利贴：六类互动性强的微博话题示例】

为了增强互动性，笔者结合微博等平台运营实践经验，总结整理了六类互动性强的话题，供大家学习参考。

1. 脑洞大开类

（1）如果给你一张满分免考卡，你最想用在哪一科上？

（2）如果给你一次回到高中的机会，你最想做什么？

2. 调查调研类

（3）迄今为止对你影响最大的一本书是什么？/说说看过的上一本书是什么？

（4）你打死也不吃的食物是什么？

（5）说一句你最近的口头禅吧？

（6）你最常用的聊天表情是哪个？

（7）你们家乡话里"想怎样"是怎么说的？/你们家乡话里是怎么夸人长得好看的？

（8）你们的起床铃声是_____？

（9）说说你的室友都有哪些特殊技能？

（10）结合你的大学专业特色为父母送上一份礼物，那么你会送_____。

（11）你最爱吃什么馅的月饼/甜咸粽子之争，你站哪一边？

（12）说说你现在最离不开的三样东西吧！1_____；2_____；3_____。

（13）失眠和早起哪个更痛苦？

（14）从开学到现在，你最喜欢的一门课是？

（15）说说大家每天平均睡几个小时？

3. 信息共享类

（16）有什么APP小众却实用，用了以后让你感到"相见恨晚"？

（17）有哪些非常优秀却鲜为人知的国产电影呢？

（18）你最近看到最好笑的笑话是什么？让人瞬间笑的那种。

（19）有哪些生活中实用的神器让你用过之后就停不下来？

（20）最近让你记忆深刻的神回复有哪些？

4. 情景填空类

（21）一个假期没有见面，开学了，你看到室友的第一句话一定是_____。

（22）当你在数学高考结束交卷收笔的那一刻，你在想什么？

（23）当你终于拿到驾照的那一刻，最想说的是什么？

（24）当你回家过年被问成绩/有没有对象时，有什么神回复可以避开话题？

（25）上课你困得忍不住头点桌子了，于是你_____，然后就神采奕奕地听课了。

（26）夜深了，你正准备进入梦乡，但室友整理东西的动静扰得你睡不着，你灵机一动_____，巧妙地提醒了室友，安然入睡。

5. 接龙互动类

（27）#×大早安#起床了，太阳晒到屁股了，一起来玩歌词接龙醒醒神吧？【评论一句歌词，看评论区有没有人接下一句】

（28）#×大晚安#歪？一起来玩成语吗？测试一下大家的成语还给语文老

师多少了？【评论一个成语，评论区以上一个成语的最后一个字作为首字接龙成语，可以用谐音捏】

6. 游戏互动类

(29) 右下灰色方格除了填6还能填什么？

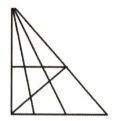

(30) 听说首页已经为这个三角形撕起来了！你能看出几个三角形？据说智商120分以上的天才可以看到18个以上哦！

(31) 说很火的一道题，小伙伴们找到规律了吗？

如果6+4=210、9+2=711、8+5=313、5+2=37，那么7+6等于多少呢？

第4章 "直播"大型活动的一般宣传套路
初尝"核裂变"

主管：这次活动的照片怎么这么暗？
小新：光线没调好。
主管：这次活动照片怎么又糊掉了？
小新：没有对好焦距。
主管：这次活动颁奖照片特写又没抓到？
小新：颁奖时间太短，没有卡到好位置。
主管：……

本章系统整理了高校新媒体运营中大型活动宣传的一般程序，从活动现场影像采集、现场图文实时报道、活动现场视频直播、线上线下宣传技巧等多个环节列举了工作任务、注意事项等。

4.1 活动现场影像采集

从新媒体运营的角度来看，对于大型活动的宣传，如何拍到可以在各平台使用的照片显得非常重要，大型活动的拍照机会可以说是稍纵即逝，因此要把握最佳的拍照时机。在活动现场时，建议安排1~2人拍照（如安排1人，要使用数码相机和手机双保险拍照），并能在活动结束后快速整理出用于活动宣传的图片；安排1~2人录像，并能在活动结束后快速剪辑出可用作各平台宣传的短（微）视频和GIF动图等素材；最后要做好影像资料整理、归档、储存等工作，以便后用。

高校新媒体运营学生团队成员大多不是专业的摄影师，普通学生想要快速上手摄影，除了应该掌握摄影器材、摄影技术、图片后期处理等技术方面的知识，还应该重点培养一些摄影意识，以下归纳了摄影拍照应该具备的八大意识。

4.1.1 光线明亮图片清晰

光线十分重要，会直接影响照片质量：曝光不足会造成画面灰暗，抓拍时人物动作模糊；曝光过度会造成照片颜色发白，影像失常。例如，使用数码相机进行拍照时，如在光线较弱或逆光环境，可以通过以下三种途径拍摄清晰的图像：一是调节相机拍摄模式，做到正确曝光。影响曝光的因素有三个，即光圈、快门与感光度（ISO）。光圈值越大，快门速度越低，ISO 越高，画面越亮；反之亦然。如果是新手，为保险起见，建议先使用自动模式或者使用手机拍照。二是可使用外置闪光灯，以弥补环境及相机自身的不足。三是使用大光圈镜头，容许更多的光线进入，同时有效避免图像不清晰。

4.1.2 精准对焦突出重点

对焦是否精准，决定着照片的清晰和模糊部分是否详略得当，因此要注意对焦模式的选取。以数码相机为例，一是单区域对焦，先将对焦点瞄准主体，半按快门，对焦点有高亮显示，下方的圆形合焦指示灯点亮表示合焦，此时不松开快门再取景，可以保证对焦准确，这种对焦模式适合静态图像的对焦，如高校大型活动会场布置的拍照等；二是动态区域对焦，适合移动主体，这种模式也要选取单对焦点，合焦后主体移动时能实现追随对焦，如高校运动会上，对运动员进行抓拍；三是最近主体对焦，利用所有对焦点，按最近物体确定最终的对焦点，拍摄半身人像时可防止焦点错误地对到远处的背景上，如在高校汇演中，对主持人及演员的拍摄；四是手动对焦，适合场景中反差不够、自动对焦不易成功或追求特殊效果的情况，取景窗中也有合焦提示可以参考。除此之外，使用有 LCD 实时取景功能的单反相机，在实时取景中可以将主体局部放大，这时用手动对焦可以获得最佳拍摄效果。

4.1.3　上下左右构图准确

构图虽无对错，但也要根据拍摄主题、内容表达和照片用途等因素决定用什么样的构图形式。黄金分割构图是最常见的构图方式。由黄金分割法演变出来的三分法也很适用，也就是画面的长、宽分别分割成三等份，每条分割线都被视为黄金分割线。中心构图也是非常重要的构图形式，最能突出主题，直接且具有视觉冲击力。对称构图则给人平稳均衡的感觉，可分为上下对称、左右对称、完全对称和轴对称等形式，利用好对称会让画面更具有感染力和戏剧性。除此之外，还有平面构图、对角线构图、留白构图等。拍照时只有根据需要选择合适的构图方法，才能拍出符合审美要求的照片。

4.1.4　行为举止礼貌大方

要求现场拍摄工作人员在拍摄时注意举止文明礼貌，需要到前方拍照时不要怯场。拍摄时不得干扰现场活动，更不得出现交头接耳、大声喧哗等行为。

4.1.5　熟悉流程提前卡位

熟悉活动流程，提前确认大型活动各个环节需要拍摄的人物、内容、角度等，做到心中有数，再根据需要拍摄的画面提前寻找合适的拍摄位置，并进行试拍调试。

4.1.6　善意提醒不雅动作

活动现场若有人动作不雅，不适合出现在照片中，为保证照片质量，可在拍摄间隙善意提醒。比如低头玩手机、交头接耳、翘二郎腿、随地吐痰等画面都不能出现在照片中。

4.1.7　主动避免不适画面

如果不方便提醒或提醒之后效果不大，应该尽量主动避免不适画面，以免影响照片整体质量。

4.1.8 会后适当处理归类

图片的后期处理，一般包括处理光线亮度、调整照片水平、改善局部瑕疵。可使用 Lr 等软件进行预设、照片水平调整和同步批量处理。可使用 Ps 等软件进行光线处理和局部调整。要保证照片的真实性、还原性，不得使用 Ps 等软件制造虚假场面。

照片需根据活动性质，分别归类建档，先筛选（同类优秀图片），再命名（建议格式：日期+活动名称），最后上传至云盘或本地硬盘等。

4.2 现场图文实时报道

进行现场图文实时报道时，建议在现场安排1~2人通过手机拍照完成微博、QQ空间类平台的同步报道。后期对精彩内容进行深度挖掘，形成一篇集文字、图片、视频（含gif动图）等载体的优秀微信类长文章。

新媒体活动报道讲究实时性，可分成活动前期、活动中期、活动后期三个阶段，至少各发布一条内容。现场图文实时报道人员需注意以下事项：

（1）提前熟悉活动流程，提炼整理活动介绍，包括活动官方全称、活动时间、活动地点、具体流程、活动官方介绍等。

（2）提前准备各活动分阶段宣传方案，并于活动现场及时捕捉对应阶段需要的图片，形成一条条图文并茂的、完整的文案推送。

（3）前中后期的侧重点分别是：前期预热，吊足胃口；中期跟进，呈现亮点；后期总结，全面展示。

[案例4.1] 某大学欢送毕业生文艺晚会

晚会开始前一个小时开始预热，配图为宣传海报、节目单、现场彩排图片等。

#多彩校园##毕业季#【×××大学欢送×××届毕业生文艺晚会倒计1小时】

岁月无声，承载我们美好的愿景；

泱泱×大，见证我们奋进的青春。

如今，×××届同学即将毕业，踏上新的人生征程。

时光不老，青春不散！

今晚7时，我们相约××，重温属于×大学子的校园记忆。

让我们相聚今晚，见证大学四年无悔的青春，我们，不见不散！

晚会开始一段时间后，可挑选一些特色鲜明、全面反映晚会节目的现场图片。

#多彩校园##毕业季#【××大学欢送×××届毕业生文艺晚会直播进行时】

小品《再见，×大》讲述了大学四载，我们褪去了一开始的懵懂稚嫩，成长为如今成熟、稳重、自信的模样；歌舞《×大姑娘》融入了×大的校园建筑、文化符号等多种元素，唤起了每一位×大学子对母校的热爱与不舍；由全体毕业生辅导员精心编排的《奔跑吧，我亲爱的学生》深切抒发着老师与学生亦师亦友的珍贵感情……

让我们一起继续欣赏同学们精心准备的节目吧！

晚会结束可发一条内容进行总结，配图可为各个节目的精彩图片回顾及工作人员合照等。

#多彩校园##毕业季#【祝贺××大学欢送×××届毕业生文艺晚会圆满结束】

岁月如歌，谱一曲青春无悔；

时光如诗，咏一曲似水流年。

×××届毕业生文艺晚会到此落下帷幕了，但是我们的青春，永不散场。

亲爱的×××届毕业生们，每一次的离别都是为了下一次更好的相遇，让我们在这分别之际铭记深情、期许未来，母校永远在这里等你们回家！

今晚的文艺晚会中，你最喜欢的节目是哪一个呢？评论区交给你们！

4.3 现场活动视频直播

针对大型活动,建议安排2人利用相关直播设备进行现场视频直播,并通过各大平台发布推广直播链接。

现场活动视频直播需要充分准备,需考虑所有可能的突发状况,主要有以下几点注意事项。

4.3.1 测试网络速度

提前半天或者更早进行网络调试,保证网络准确连接、直播流畅。如果网络速度过慢,可使用即插即用式移动Wi-Fi、手机热点等方式提升网络速度。

4.3.2 准备相应图文

直播前需准备一张直播封面图片和相应文字介绍,在活动开始前在各大平台随直播链接一同发布。封面图片和文字介绍应至少包括活动的开始时间、活动内容等。

4.3.3 保证设备电量

充足的电量是完整直播的基本保证,需在直播开始前考虑充分。一是提前充电,二是准备备用电池,三是在直播现场找就近的电源插头等,防止直播事故的发生。

4.3.4 提前卡位调节

直播的最佳位置一般是观众席最中间靠前位置,到达现场后,根据会场座位分布规律及主舞台大小来确定最终位置,确保能将主舞台全景收录。提前占好机位,调试设备,确保画面清晰、声音清楚。

4.3.5 积极做好互动

直播期间,运营人员需密切关注评论区,积极与粉丝互动。互动时要注意:一是应做到回复语气诚恳,态度亲切;二是提前准备好同学们可能咨询的问题答案,及时回复;三是提前准备好互动内容,根据会场情况适时发布。

4.4 线上线下宣传技巧

除了要做好大型活动现场影像采集、现场图文实时报道、现场活动视频直播等工作外,有时还需要通过线上线下宣传为大型活动预热,笔者结合实践经验,列举了一些新媒体运营线上线下常用的宣传技巧,主要有以下几点。

4.4.1 线上宣传技巧

线上宣传主要是利用新媒体平台进行活动宣传,需要注重以下三个方面:

(1)粉丝的参与性。根据粉丝的爱好和需求,设计出有吸引力的宣传方案,让他们对活动有想法、感兴趣、愿参与。

(2)内容的传播性。设计出符合各个平台特点的宣传方案,利用各平台功能优势,凸显特色,及时推广宣传活动,广泛传播。

(3)操作的可行性。让主办方和参与者在实际操作时方便快捷,活动才能切实有效。

以下简单列举不同平台的若干技巧:

1. 微博转发@三位好友,随机抽取获奖粉丝

发布互动话题微博,写明获奖规则,即"转发并@三位好友,将通过微博转发抽奖抽取获奖粉丝"。

适用范围:互动话题。

产生效果:传播广泛。

[案例4.2] 迎新活动之微博活动

#迎新季##新生福利#

致2018级新生：

离开学报到的日子不远了，你是不是对大学生活满怀憧憬呢？

×大光影斑驳、温情脉脉，会成为日后你的依靠。

希望在×大的四年时光，够你欢喜，够你回忆。

在评论里谈一谈你对×大或是四年大学生活的期待吧！

【转发此条微博+评论+@三个好友】就有机会赢得精美礼品哦！

获奖粉丝将在8月×日晚上9:00从转发的萌新中抽出。

2. 微博直播中，根据评论热度排行赠送礼品

获奖规则："在图文直播的微博下评论，关于观看直播的感受和到目前为止让你印象最深的一个节目，互动热度排行第一的评论者，将获得主办方送出的精美礼品。"

适用范围：实时直播讨论。

产生效果：粉丝积极观看直播和讨论，直播流量增大。

[案例4.3] 纪念"一二·九"运动文艺汇演

#直播青春正能量##多彩校园#

【××大学纪念"一二·九"运动文艺汇演直播进行时】

广阔的蓝天，永恒的梦想。××学院用舞蹈《空天鸿鹄》传达出当代青年怀揣鸿鹄之志，志在搏击长空！青年，是祖国的未来；青年有梦，国家就有梦；青年有希望，国家就有希望！

评论一下你观看直播的感受或截至目前让你印象最深的一个节目，互动热度排行第一的评论者，将获得精美礼品一份哦！

3. 微信转发文章至朋友圈集赞或留言，赞数最多获赠礼品

在非微信文章中说明获奖规则，"将本条微信推送转发至朋友圈，集赞数

最高的将获得大奖";或者"给文章评论留言，精选后评论区点赞量最高的参与者将获得大奖"。

适用范围：由微信推文进行宣传的活动。

产生效果：文章在朋友圈传播广泛，内容引起读者讨论。

4. 微信下拉菜单设立话题讨论，发帖按赞数高低赠送礼品

获奖规则："打开微信下拉菜单，参与活动话题讨论，针对活动和话题发帖（图片+文字），点赞前几名可按赞数高低获得相应奖品。"

适用范围：微信论坛推广的活动。

产生效果：鼓励粉丝发帖，集中宣传，活动热度高。

[案例4.4] 迎新活动之微信活动

平台：微信公众号

活动参与规则：打开微信公众号下拉菜单，点击参与#新生福利#话题讨论，针对每期活动在话题内发帖（图片+文字），每期点赞前几名将获得相应奖品。

5. 微信直播现场墙留言，抽奖送礼品

在直播现场，舞台两侧可设置微信留言墙。在活动中设置微信墙留言抽奖环节，凡是参与留言的用户均有抽奖机会，系统随机抽取若干位中奖用户，可根据活动情况分多轮抽奖环节，每轮奖品不同，中奖者于活动结束后到后台领取奖品。

适用范围：现场设置有微信留言墙的活动。

产生效果：活动现场互动及时，趣味满满；粉丝热情高涨，参与度高。

[案例4.5] 第二届"××杯"新媒体文化节颁奖晚会

晚会现场设置微信留言墙，扫码关注留言上墙，凡留言用户均有抽奖机会。抽奖一共三轮，每轮5~10位用户中奖，奖品不同，中奖者于活动结束后到后台领取奖品。

6. QQ空间发表评论，点赞前若干名获奖

获奖规则："QQ空间发布一条互动话题说说，在评论区发表评论（根据话题附上文字图片），点赞前若干名获得奖品。"

适用范围：可配图评论参与的活动。

产生效果：粉丝能够展现的想法更加丰富，互动效果更好。

[案例4.6] 迎新活动之QQ空间活动

#迎新互动##迎新季#

新老萌新们看过来，迎新活动正式开始啦！

评论获赞前五名能得到超可爱的周边奖品哦！

第一期话题：

#你有没有什么最想带在身边的家乡照？#

（点赞量统计截至八月××号22:00，22:02于本说说评论区公布获奖名单）

7. 征集活动观后感评选，截图推送并送奖品

活动结束后，让用户写活动感悟并@相关平台，从中评选出最优秀的几篇截图推送，并赠送礼品。

适用范围：活动结束后可征集观后感作为活动总结。

产生效果：加深活动在粉丝心中的印象，引导粉丝积极表达内心感受，传播正能量。

[案例4.7] 纪念五四运动99周年大会

#五四运动##观后感征集#

历史的道路，不全是平坦的。

有时走到艰难险阻的境界，全靠雄健的精神才能够冲过去。

××大学纪念五四运动99周年大会圆满结束，相信同学们看后一定感到震撼。

即日起，面向全校同学征集观后感，手写拍照发表说说并@我们的QQ公

众号，我们将评选出最优秀的几篇截图推送，送上礼品，欢迎参加活动哦！

4.4.2 线下宣传技巧

线下宣传主要是通过设立线下宣传点实地宣传，需要注意以下三个方面：

（1）活动的可行性。要提前策划好参与活动的资格和整个流程，充分考虑完整性和便捷性，保证能够直达目的。

（2）粉丝的参与性。可设置一些轻松简单的小游戏，参与即可获得奖品，游戏或奖品本身要能够吸引同学们前来参加。

（3）宣传的效果性。线下宣传的时间和地点也很重要，建议选择饭点于食堂附近活动区宣传，人流量大、效果明显。

以下简单列举线下宣传的若干技巧：

1. 关注QQ公众号参与抽奖箱抽奖

制作抽奖箱，准备若干张抽奖票，抽奖票上写明奖品。线下宣传时，只需关注QQ公众号，即可获得一次抽奖箱抽奖的机会。

适用范围：宣传QQ公众号时。

产生效果：QQ公众号关注量明显上升。

2. 转发当日微信公众号推文参与幸运大转盘活动

幸运大转盘需提前设计、制作和安装。线下宣传时，只需转发微信公众号当日推文，即可获得一次转动幸运大转盘的机会。

适用范围：宣传推广微信公众号及当日推文。

产生效果：微信文章阅读量、转发量上升，微信公众号粉丝数量上涨。

3. 关注微博参与游戏通关即可获得礼品

布置游戏区，如你画我猜游戏，先关注微博，后参与游戏，两人配合猜出一定数量的词语便可赢得奖品。这样，一方面具有趣味性，另一方面又能很好地宣传平台和活动。

适用范围：推广官方微博。

产生效果：微博粉丝数量增长，知名度提高。

4. 留言板写留言赠送小礼品

在线下宣传点设置留言板，鼓励同学们写出自己对本次活动的寄语，即送小礼品。

适用范围：活动展开前收集粉丝关于本次活动的想法。

产生效果：贴近粉丝内心，有利于更好地举办活动。

5. 线下赠送礼物，现场拍照，线上宣传

在一些重要节日，如教师节，向一线的教师和辅导员赠送祝福贺卡，并拍摄现场照片，通过线上空间或微信推送。

适用范围：节日活动送祝福等。

产生效果：比单纯的线上送祝福更具针对性。

6. 线上发布"偶遇"规则，线下发送"惊喜"礼物

在一些重要节日，如女生节，在线上发布"偶遇"规则，粉丝留言"偶遇地点+偶遇时段+偶遇暗号"，后台抽取幸运粉丝，现场发送"惊喜"礼物，并拍摄采访粉丝感言，编辑汇总整理后在新媒体平台上推送。

【福利贴：高校各类大型活动照片需求与要求】

高校大型活动照片是全面、立体、客观的宣传活动现场动态的重要展示形式，此类照片对人员的拍摄技术水平要求并不算高，但对其意识要求较高。一般需求包括大场景图、主席台（如有）、领导特写、重要仪式特写、观众全景等。

1. 大场景图

需要包含活动主题、活动环境、主席台、听众。构图方式为对称构图法，左右对称，上下平整。大型会议全景照片、圆桌会议全景照片如图4.1、4.2所示。观众全景图可选择在主席台后中间及左右侧进行拍摄。

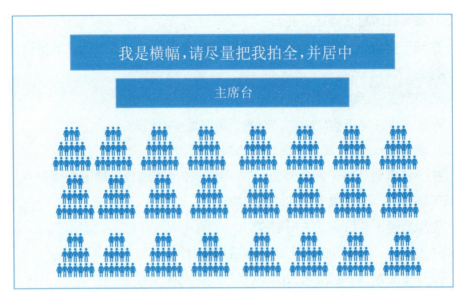

图4.1　大型会议全景照片模拟示例

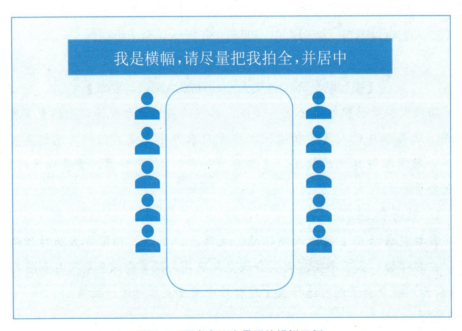

图4.2　圆桌会议全景照片模拟示例

2. 主席台全景图

照片需要包括台上或台下所有在座的领导,尽量在主要领导讲话的时候拍摄，并尽量在刚开始的时候拍摄。构图方式为对称构图法、左右对称、上下平整。拍摄角度以正面为主。

3. 领导特写

拍照范围要避免并排的其他人进入拍摄画面，避免其他物品遮挡。拍摄左右角度要求有正面、左右侧面（45°），要尽量平视拍摄，避免俯拍或仰拍。人物表情要求正常，画面饱满，主体突出，头要尽量抬起。拍摄方式可以采用快速连拍。具体示例如图4.3所示。

图4.3 人物特写模拟示例

4. 重要仪式的特写

高校大型活动会有一些重要仪式，如签约、颁奖等环节，时间较短，需要提前熟悉流程，并做好抓拍，具体情况要视现场变化灵活应对。

为了更好地帮助读者理解高校校园各类大型活动照片要求，笔者整理了高校校园各类大型活动照片需求示例，并根据活动类别、活动示例给出照片需求参考，具体见表4.1。

表4.1 高校校园各类大型活动照片需求示例

活动类别	活动示例	照片需求
上下阶梯教室的大型报告类	报告、"三下乡"出征式等	（1）大场景图 （2）主要领导讲话特写 （3）重要仪式特写
圆形或环形会议室座谈会类	研究生支教团座谈会等	（1）全景照片 （2）主要领导讲话特写 （3）重要仪式特写 （4）合照（如有）
大型活动决赛暨颁奖典礼类	"挑战杯"颁奖典礼等	（1）大场景图 （2）主要领导讲话特写 （3）颁奖全景（尤其是最高奖项） （4）主要领导颁奖特写
线下参观或重要调研类	参观展板调研等	不同场景参观特写（既突出参观人物，又突出参观内容）
大型文艺活动汇演展演类	迎新晚会、毕业晚会等	（1）主持人阵容特写 （2）不同节目亮点特写 （3）合照（如有）
志愿服务或社会实践类	迎新志愿服务等	（1）反映志愿服务或社会实践工作内容的照片，越多越好 （2）背景反映服务地的合照
人物专访或街头随机采访类	各类热点事件看法等	（1）突出被采访人物，同时话筒及话筒logo要入镜 （2）人物特写 （3）专访人学习生活照若干
线下大型宣传活动	网络安全宣传周签字等	（1）仪式特写 （2）大场景图片（突出人物和内容）

第5章　权益维护
校园新媒体平台核心任务

粉丝：小编，我的饭卡/学生证丢了，怎么办？

粉丝：小编，校车时间表/校历，可以发我一份吗？

粉丝：小编，我在食堂吃到半条虫子，怎么办？

粉丝：小编，我在学校超市购买到过期面包了，怎么办？

粉丝：小编，请问今年的助学金/奖学金什么时候发？要吃土了。

粉丝：小编，宿舍洗手间顶部漏水了，怎么办？

粉丝：小编，我的室友最近总是唉声叹气/影响我休息，怎么办？

粉丝：小编，期末考试安排什么时候出来？我要提前买车票回家。

粉丝：小编，××教室情侣在自习室卿卿我我/吃东西，影响我学习，怎么办？

粉丝：小编，图书馆有人占位置却不来，怎么办？

粉丝：小编，我挂科了，怎么办？求安慰。

粉丝：小编，研究生初试/复试成绩什么时候公布啊？

粉丝：小编，我是高三生，今年高考成绩600分，请问能被贵校录取吗？

粉丝：小编，我今天和男/女朋友吵架了，你能陪我聊聊天吗？

……

这是高校新媒体值班小编每天遇到粉丝提问的真实写照。

本章的主要任务在于解决高校新媒体平台如何更好地维护学生合法权益，参与学校民主管理，通过各种正常渠道反馈同学们的合理意见、解决同学们的合理咨询、满足同学们的合理要求等。

5.1 "遇到问题，拍张照片，吐槽一下"成为大学生生活常态

"无时不网，无处不网"，新媒体成为了大学生群体的主要发声平台。遇到问题，拍张照片，吐槽一下，上传网络并@高校新媒体平台，已成为当代大学生生活的一部分。学生在哪里，高校就应该服务到哪里，高校新媒体平台理应承担着维护学生合法权益，参与学校民主管理，通过各种正常渠道，反馈同学们的合理意见、解决同学们的合理咨询、满足同学们的合理要求等重任。

你怎样，别人对你的平台感受就是怎样的。高校新媒体平台应将权益维护当作最核心的任务，把优雅回贴、与粉丝互动作为高校新媒体运营的重要内容。高校新媒体除了对自身服务对象和发布内容有明确定位外，跟帖互动时也要与自身定位、风格相符。避开无人回复、自动式回复、私人化回复、冲突式回复，甚至辱骂式回复等禁区，在坚持基本原则的前提下，可审时度势，适当运用一些小技巧，逐渐形成自己的特色和回复尺度。

5.2 "有问必答，不问也答，永远在线"是运营基本原则

在小米公司，"人人都是服务员"。小米微博客服团队有一条硬性规定，在用户@小米之后，必须在15分钟之内做出反应。高校新媒体运营人员主要由学生团队组成，学生的主业还是学习，要求在15分钟之内做出回应的难度较大。因此，高校新媒体运营互动设计可从以下几点进行：

（1）要建立2~3人的日常值班制度，尽可能地安排当天课程少的同学值班，上课期间没有突发事情，尽量不要打扰学生上课，不过可要求值班人员利用课间10分钟做好粉丝提问回复，避免粉丝所提问题长时间"无人问津"，从而导致脱粉。粉丝提问务必当天解决，且安排其他部门做好检查与监督。

（2）要建立回复问题标准式、模块化的答案库，粉丝经常咨询提问的问题是有规律、共性的，要对大量粉丝咨询问题进行系统梳理、总结、归类，

然后形成标准化的答案,从而快速实现快速回复。对于不能马上解决的问题也应当给出解决途径,如负责部门、部门网站、部门办公电话等,让粉丝直接联系相关负责老师进行咨询。

(3)在回复问题时要善于运用技巧,如善用风趣幽默、偶尔温情卖萌、把握时机"蹭热度"、巧妙融入流行元素等,给粉丝惊喜,让粉丝感受到后台回复者不是冷冰冰的机器。

(4)要有同理心,回复有温度,要多站在粉丝的角度考虑,进入并了解用户的内心世界,做到感同身受,真心帮粉丝解决问题。这样即使不能马上解决问题,粉丝也能够体谅。

另外,大部分的粉丝是"懒惰"的,更是不愿意评论或咨询的,尤其是出现了"点赞"功能之后,大家更是成了"点赞"之交。从新媒体运营的角度来说,运营团队要往前多走一步,对于粉丝的点赞、发贴(个人)等,可主动评论、转发,拉近与粉丝的距离,让更多的粉丝愿意合理反馈问题,而非一味吐槽、抱怨。

5.3 持续完善升级"校园服务手册",有效解决平台80%的提问

善于运用迭代思维。如某高校团委积极收集学生在各网络平台咨询的问题,对线上日常需反馈的问题进行分类,整理归纳出学生关心的共性问题,编制了《校园服务手册》(表5.1),内容基本覆盖学习、生活等各个方面,采用线上线下两种形式发放给学生,有效地解决了80%的高校学生咨询的问题,不仅提升了平台信度,同时增强了学生自主解决问题的能力。

表5.1 某高校团委《校园服务手册》目录名称及内容

序号	目录名称	内容
1	校园文化	包括校训、校风、校歌、校史、办学理念、学风、校区、标志建筑等服务信息
2	学习指南	包括自习室、图书馆、教务、考务、助学金、奖学金、转专业、保研等服务信息

续表

序号	目录名称	内容
3	生活指南	包括食堂、商店、浴室、银行、交通路线、网络服务、医院、快递站、维修站、校园卡、水电等服务信息
4	新生指南	包括招生咨询、报到咨询、户口迁移、学籍档案、组织关系转移、缴费、资助体系、教材、防诈骗等服务信息
5	毕业指南	包括户口迁移、学籍档案、组织关系转移、毕业安全注意事项等服务信息
6	团务指南	包括团旗、团徽、团歌、团费、团员发展、"三会两制一课"、团支部、团日活动等服务信息
7	党务指南	包括党旗、党徽、党费、党员发展、"三会一课"、党支部等服务信息
8	校园系统	包括校园内各单位信息管理系统入口、功能、使用指南等服务信息
9	校园公众号	包括校园内各单位新媒体公众平台及定位等服务信息
10	常用电话	包括校内各单位常用的办公地点及联系电话等服务信息
11	其他内容	其他内容(持续更新)

5.4 建立跨部门长效联系机制,持续跟进,努力解决其他20%的问题

当遇到《校园服务手册》无法解决的问题时,高校新媒体平台应建立与校各党群、行政部门及各学院的长效联系机制,及时反馈,持续跟进,直到解决,努力解决其他20%的咨询问题。在问题解决后第一时间进行记录存档,不断扫除《校园服务手册》的盲点,达到更好地为同学们服务的目的。在和其他部门联系的时候,一份简洁、具体、清晰的反馈专报是必要的,专报应至少包括总体情况介绍、时间、地点、动态发展及对应截图、诉求、解决进展等信息。

另外,对于已经解决的问题,应梳理出适合展示的内容,通过线上线下多种形式进行展示,及时反馈解决进度,增加平台信度,让更多学生遇到问题愿意找平台倾诉。

第6章 严把标题关
读标题的人是读正文的人的5倍

主管：这篇微信文章的标题太普通，没有吸引力。
主管：这篇微信文章的标题太长了，不符合要求。
主管：这篇微信文章的标题太复杂，看不懂意思。
主管：这篇微信文章的标题太文艺，不太接地气。
主管：这篇微信文章的标题太偏题，不聚焦中心。
主管：这篇微信文章的标题没亮点，点击率会低。
主管：这篇微信文章的标题有点"标题党"，不建议用。
小新：……我们再想想。

在微信文章平均点击率只有2%的现状下，一个好标题是高阅读量的关键。标题是眼睛，是读者最先接触到的信息，标题是否吸睛，很大程度上决定了读者会不会点开文章，换句话说标题很大程度上决定了点击率，也就是阅读量。

本章以微信推文标题创作为例，首先分析了优秀标题的底层逻辑，接着结合若干优秀标题案例系统总结了20个标题创作技巧，最后给出了优秀标题的创作方法和标题创作禁忌。

6.1 优秀标题底层逻辑

所谓"底层逻辑"，指能够将看似杂乱无章的内容捋顺的逻辑。比如自然科学的底层逻辑是物理学，社会科学的底层逻辑则是经济学。一旦我们在某些领域掌握其底层逻辑，那么，这些曾经杂乱无章的东西就会变得整整齐齐。笔者认为，优秀的微信标题至少要具备以下三个特征中的一个：一是帮粉丝树立个人形象；二是让粉丝想问"为什么"；三是给粉丝明确的"利益"承诺。

6.1.1 优秀标题能帮助粉丝树立个人形象

我们观察粉丝的用户行为，粉丝愿意打开一篇文章，或者说愿意将这篇文章分享到自己的"朋友圈"的驱动是什么？本质是希望标题能满足人的社交需求，获得尊重的需求以及自我实现的需求。粉丝愿意通过分享来表达自己的兴趣、爱好、品味、观点、形象、圈子等，且分享时不会产生顾虑，分享后不会带来困扰。这类标题内容一般是正面的价值导向，且以"第一人称"为主。

6.1.2 优秀标题能让粉丝想问"为什么"

好奇心是人的本能，人人都是好奇宝宝。人们听到违背自己认知的事情时，就会产生"为什么"的疑问。如果你的标题能"撩"到读者的好奇心，点击率就有保障了。能激起好奇心的常见标题类型有反常识、设悬念、有亮点、留想象（空间）、抠细节、挖内幕等。

注意，这类标题要能和文章内容一致，且使用不能过于频繁，不然容易让读者生厌，或者被读者认为是"标题党"。

6.1.3 优秀标题能给用户明确的"利益"承诺

这里的"利益"指的是能解决粉丝的刚需。所谓雪中送炭才刻骨铭心，解燃眉之急才是救急。所以精确掌握用户需求，给出明确的"利益"承诺，他们才会分享给朋友们或收藏，以便能随时调取查看或运用。这类标题一般为信息服务类的实用帖、盘点帖、数字帖等。

6.2 优秀标题创作技巧

除了了解优秀标题的底层逻辑,还需要知道一些常用的标题创作技巧,笔者系统总结了常见的20个标题创作技巧,大致如下:

6.2.1 具体明确,而非抽象难懂

具体的事情,喜欢听、能听懂、方便记;抽象的事情,懒得听、听不懂、记不住。有人说,没有什么大道理不能用一句话来表达清楚的,如果没有,那也是因为没吃透内容。针对不同的内容,可以用不同的词语表达出具体、明确的感受。

食堂选题标题:《×大食堂又上新了,滋滋作响的美味,谁能抵挡》

团务选题标题:《一图读懂团支部工作以后该这么干》

6.2.2 产生共鸣,而非自娱自乐

让标题内容获得大众的认同感是相当重要的事,因此,我们在思考标题的时候要时刻考虑是否确实能让读者产生共鸣,而不只是自己觉得很好,不然就容易自娱自乐。

儿童节选题标题:《我们童年都被爸妈这几条神逻辑坑哭过,而且至今无法反驳》

学业规划选题标题:《大学四年是张A4纸,你会怎么画?》

6.2.3 与我相关,而非事不关己

若读者认为该信息与自己无关,标题就无法撼动人心。微信文章标题的基础就在这里。因此,撰写文章标题时,让读者认为与自己有关是重中之重。在信息爆炸的网络社会,大家很容易忽略与自己无关的信息。

两会选题标题:《你的专业被"两会"点名了,还不快站出来!》

青年节选题标题：《燃！！！工大学子自编自导快闪，祝新时代工大青年节日快乐》

6.2.4 抓准诉求，让读者得到好处

一篇微信文章能否抓住读者的需求，是决定其能否继续阅读下去的内在动力，也是决定读者是否转发、收藏的重要因素。这类技巧更加适用实用帖。

考证指导选题标题：《大学生须知：给你加分的六类证书》

毕业季拍照选题标题：《毕业照绝不能用的姿势！抛起的学士帽能切开西瓜？》

迎新生选题标题：《你的疑问这里都有权威答案：新生100问倾情上线》

考试周选题标题：《考试周要正式到了，划重点！！！》

6.2.5 违背常识，让读者产生困惑

违背常识包括两种，一种是乍看之下有违常理，仔细想想又"确实如此"，如"输就是赢""吃亏是福"等；另一种是观点本身有违常识，但结果符合常理。

教师节选题标题：《在×大，老师人均段子手10级》

植树节选题标题：《植树节，不只是植树这么简单》

校庆婚礼选题标题：《今天，××大学给你发对象啦！》

社团换届选题标题：《【sorry】对不起，我不是一个合格的社长》

退社潮选题标题：《【sorry】部长，对不起，我想退出社团了》

辅导员选题标题：《【sorry】辅导员，对不起，我不想你管我》

寝室矛盾选题标题：《【sorry】室友，对不起，我想从寝室搬出去》

6.2.6 一语双关，让读者自我想象

若能在微信文章标题中巧妙加入双关语，就能发挥其强大的力量。不过，万一不小心用错了，也会沦为"标题党"，所以请务必小心使用。

雷锋日选题标题：《今天请允许我疯狂"追星"》

植树节选题标题：《××大学的"校花校草"竟然这么多?》《听说昨天×大"绿"了》《×大各大"校花"大比拼，你更喜欢哪一款！》

社团报道选题标题：《这个社团，让×大人"笑"了十年》

重大活动氛围营造选题：《刚刚，×大"红"了》

6.2.7 设置悬念，激发读者好奇心

充满悬疑色彩的标题很容易激发读者的阅读兴趣，这类标题设计可从三个方面着手。一是用带有悬念、引人思考的词语，如"万万没想到""天呐""原来是这样""秘密""秘诀""真相""背后"；二是用反问、设问等疑问句。

建党节选题标题：《逆风出道，顶风翻盘，他到底牛在哪?》

招新选题标题：《准得吓人！！！测试你在五天内会遇见的那个他/她！》

男女感情选题标题：《【锐评】为什么你自我感觉良好却没有女/男朋友?》

放假选题标题：《今天开始，××大学将变成为(把校名中的"人"偏旁部首去掉)……》《明天后，××大不再是"×大"，她将有个新名字》

校园介绍选题标题：《你知道××大学的长度吗?》

6.2.8 预言效果，让读者感到恐慌

从原则上讲，无论是谁，都没有办法预测结果。但我们能通过预言效果或结果来营造一种氛围，比如某件事情在"朋友圈"刷屏了，你还不知道，会让人产生心理上的恐慌，进而激发读者打开文章的兴趣。

校庆选题标题：《【首发】《斛兵无名》，献给×大70岁生日，已刷爆朋友圈》

热点选题标题：《再次刷屏！新闻联播、人民日报、新华社共同聚焦，×大这首歌，火了!》

招生宣传选题标题：《100万人在看，这里是××大学》

毕业典礼早餐选题标题：《号外！×大再刷屏，又一次成了"别人家的学校"》

6.2.9　正话反说,让读者感到反常

正话反说,反话巧说。要善于从反常视角,即违背正常人逻辑的角度看待问题、分析问题,得出另类结果,同时注意结果不但不违背常理,而且还能获得更多人的认同。

学业规划选题标题:《如何更好地荒废大学四年时光?》

防止挂科选题标题:《【标题】挂科是种什么样的体验?》

招生宣传选题标题:《不推荐你报考××大学的十个理由》

6.2.10　跟紧热门,满足读者追风心理

这类技巧在微信文章标题中也是运用比较多的,通过借助当下最热门的话题、事件、明星、流行元素、新闻事件等与标题结合,给标题贴上热门标签,以吸引读者的眼球。一般来说,热门元素越多、知名度越高、影响力越大,带动的读者也会越多。这里强调一下,高校新媒体运营要本着准确、科学、合法的原则,合理使用热点,避免不必要的纠纷。

食堂改造选题标题:《今日头条|×大餐厅重磅升级,拟打造"网红餐厅"!》

七夕选题标题:《××大学与××大学"官宣"了》

国旗班采访选题标题:《太"上头"了!今天,×大"当红天团"C位出道》

6.2.11　命令句式,制造权威严肃效果

语言有强弱之分。简单地讲,强而有力的话语或让人看完立即行动的语言最能抓住读者的心。相反,陈词滥调、随处可见以及无法撼动人心的话语就是软弱无力的话语。

共享单车乱放选题标题:《【锐评】小黄车,方便了你我,莫"黄"了品行》

考风考纪选题标题：《报告老师！这里有人在作弊！》

引导读书选题标题：《请不要怀疑读书的价值》

艾滋病宣传教育选题标题：《"啪啪"有风险，"爱爱"需谨慎!》

专业认知教育选题：《不是你的专业/学校不行，是你不行》

6.2.12 提问句式，引导读者思考

当我们被提问时，自然就会"想知道答案"。善于提问，在日常生活中是一种非常好的沟通技巧，也是引导读者思考的一种重要手段。通过提问问题，让读者回答问题或选择答案，使读者产生一步步论证答案或揭开谜底的欲望。这类选题尤其适合理工科类高校学生。

就业指导选题标题：《考研还是找工作？看完再决定》

考研指导选题标题：《考研复试遇到这样的奇葩问题怎么办？》

报考指导选题标题：《分数线出来了，你的分数够上××大学吗？》

暑期学车选题标题：《暑期学车是一种怎样的体验？》

毕业典礼选题标题：《为什么是他代表今年×大本科毕业生发言?!》

三下乡选题标题：《暑期"三下乡"社会实践，是真情奉献，还是游玩享乐？》

学业规划选题标题：《没有____的大学是不完整的，是真的吗？》

6.2.13 对话句式，增强生活画面

使用对话句式，你一言，我一语，给人一种在聊天的感觉，使读者产生一种真实、亲切的感觉。

生活类选题标题：【夜读】"爸爸，一个人越有钱越了不起是吗？"爸爸说……

6.2.14 排行榜式，激发读者兴趣

一般情况下，读者对各种排行榜类的信息有着浓厚的兴趣。

防止挂科选题标题：《××大学考试易挂科排行榜，赶紧看，防入坑》

选课指导选题标题：《××大学超赞的公选课排行榜，约吗?》

6.2.15 第一人称，让读者与"我"联系

第一人称，是以"我"自称的表达方式，这是一种直接表达的方式，不论作者是否真的是作品中的人物，所叙述的都像是作者亲身的经历或者是亲眼看到、亲耳听到的事情。第一人称的优点是能使读者产生一种真实、亲切的感觉。常见的第一人称有我（的）、俺、人家、咱等。

迎新选题标题：《"××大学，我来了!"》

新生适应选题标题：《我在××大学的第一天》

国庆选题标题：《国庆献礼视频<我的名字叫建国/国庆>：以你之名，冠我此生》

招生宣传选题标题：《恭喜您已被××大学录取!》

新生适应教育选题标题：《爸爸，妈妈，我在×大挺好的》

6.2.16 加上时间，增强时效性

相比陈旧新闻，读者更愿意看刚刚发生的事情。在有限的时间内才能参与的项目也能增加读者尝试阅读的意愿。

平台数据选题标题：《刚刚，100000+》

校庆选题标题：《昨天刷屏的这张图，原来这么美！｜百年校庆时，等你回家!》

6.2.17 进行对比，赢得话题话语权

很多人购物都习惯"货比三家"，认同"不怕不识货，就怕货比货"的观点，其实在高校生活、学习中同样有不少可以进行对比的选题，通过对比，达到主次分明、互相衬托的效果。

考试周选题标题：《【考试周】你和学霸，只差一套装备》

校友报道选题标题：《全国第三！仅次于北大清华！×大的校友太强了！》
校园热点选题标题：《××刷屏了，朋友圈没有的高清视频来了》

6.2.18　揭秘曝光，满足读者猎奇心

揭秘曝光可以吸引眼球，引起读者关注，甚至可以获得二次传播。从营销学上来讲，这是一个小投入、大产出的事情。西方谚语说"好奇害死猫"，网友对于各类内幕的兴奋点和好奇心也是如此。娱乐圈的各种"曝光""内幕"，大都经过公关公司或者经纪公司精心策划，用于维持某一事件的热度，保持一些明星的曝光度。

高校新媒体有其自身的局限性，因此，揭秘曝光要讲究尺度，不能突破底线，要善于从负能量转化为正能量。

七夕选题标题：《今年七夕，我们一起品味老师们的爱（gou）情（liang）》
九·一八选题标题：《【探秘】学校防空洞今年不开放？NO，小葫芦带你"下洞"》
新生数据标题：《×大××××届本科新生数据大揭秘！你想知道的就在这~》
学风教育选题标题：《什么？×大的"低头族"竟然被表扬了？》
重大事件细节选题：《×××事件名称，细节公布》

6.2.19　善用数据，增加说服力

数字会自动说明一切。数字是具体的、明确的，想要传达某件事情，放入具体数字就能增强说服力，给人清晰、准确、科学的感受。但要注意数字的准确度，否则就会弱化效果。

竞赛获奖选题标题：《金牌榜第一！××大学斩获8枚金牌！》
校庆选题标题：《嘿！×大，想说爱你不止118次》
招生宣传选题标题：《选择××大学的十个理由》
开学第一课选题：《网友总结：开学第一课的10种"上"法》

微视频选题标题：《××大学，1分钟》《×大美食，1分钟》《×大军训，1分钟》《×大课堂，1分钟》《×大宿舍，1分钟》《×大操场，1分钟》……

6.2.20　真情实感，撼动人心强大武器

无论是标题还是内容，只要赋予了真情实感，找准情感诉求点或脆弱点，就会很容易打动人，被读者接受、喜爱、传播。常见的形式一般有"卖"情怀、"卖"同情、"卖"亲情、"卖"爱情等。

母亲节选题标题：《妈妈，这次换我"宠溺"你》
父亲节选题标题：《爸爸也是第一次当爸爸，很多事不要怪他》
校庆选题标题：《××岁生日，我们的青春，同属××大学》

6.3　优秀标题创作方法

6.3.1　多看，建优秀标题库，定期更新迭代

任何创作都没捷径可言。高校新媒体运营团队只有阅读足够多的微信文章，给大脑"输入"足够多的创意，才能"输出"优秀的标题。建议高校新媒体团队一方面要分类建立标题库并分析其成功的本质原因；另一方面要建立动态更新体系，不断完善标题库，最终将其打造成"标题智库"。

6.3.2　多想，发挥团队力量，注重大众喜好

"独行快，众行远"。高校新媒体运营团队一定要发挥团队优势，对同一文章尽可能地从多个方面、多个角度找寻亮点，进而给出多个创意标题，通过反复讨论、斟酌、优化、研判来确定文章的最终标题。

6.3.3　多思，注重用户反馈，多做数据分析

成熟的新媒体运营小编看到一篇文章的标题和内容后，结合平台日常数据能基本研判出这篇文章的阅读数区间，如果一篇文章数据异常，远大于或

远小于预判数据，新媒体运营小编就要认真分析背后的原因，不断提升对标题选题的敏锐性。另外，还要注意用户对选题标题的留言反馈，诚心接纳不同声音。

6.4 远离标题创作禁忌

标题起得好能增加阅读量，但要注意底线。在日常高校新媒体工作中要注意远离"标题党"，避免"高级黑"和"低级红"。

6.4.1 忌"标题党"

在网络传播中，利用夸张、情色、唬人、怪异、歪曲等各种极端耸人听闻的手法来制作帖文标题，以吸引受众眼球，"诱惑"受众进行点击，而文章内容与标题没有关系或者关系很小的做法，称为"标题党"。

微信文章"标题党"现象存在以下危害：一方面，"标题党"现象极大地助长了以冲突性、异常性、趣味性以及窥私欲等为代表的人性中的不良倾向，违背了高校新媒体引领青年学生思想的初衷；另一方面，"标题党"将会降低受众的信任感，从而动摇平台的号召力，不利于长期发展。

总而言之，要警惕和严肃对待微信标题，争取多创作优秀选题和精品文章，绝不做危害网络空间的"标题党"。

6.4.2 忌"高级黑"

高级黑，最早是网络用语，是指一种居心叵测的、刻意的"黑"，在语言上可能更讲究技巧、更华丽幽默，甚至有时披着学术的外衣，伪装性更强；再就是极端化地解读党的理想信念、宗旨、方针政策等，达到"黑"的目的。

6.4.3 忌"低级红"

低级红，网络流行词，指有意或无意把党的信念和政治主张简单化、庸俗化。"低级红"分为两种情况，一种是站在个人立场上，不顾及群众的反应,用无知或极端的态度来表达自己的"正义性";另一种则是有意识地夸大事实,靠无原则的吹捧来引发人们的反感情绪。

  "标题党""高级黑""低级红"的出现,反映的是少数高校少数干部不实事求是的表现。高校新媒体运营必须增强政治意识,不断提高把握方向、把握大势、把握全局的能力,提高辨别政治是非、保持政治定力、驾驭政治局面、防范政治风险的能力,练就一双政治慧眼,善于从政治上分析问题、解决问题,做政治上的明白人、老实人,防止和纠正任何形式的"低级红""高级黑"。

  高校新媒体运营者应该清晰地认识到"比标题更加重要的还是内容",如果内容不能完美对应标题,最终粉丝也会生出厌恶,取消对平台的关注。

第7章　高校新媒体时间轴
让及时性强的新媒体变得有计划

场景一：

主管：明天发点啥？

小新：这个，还没有想好。

主管：下月/周的微信选题计划做出来了吗？

小新：还没有，不知道下月/周会发生什么事情？

场景二：

小新："迎新"选题微信文章，从0开始构思，好苦恼。

主管："迎新"选题微信文章，每年都重新指导学生修改，好苦恼。

场景三：

主管：这次热点怎么又没有抓到？

小新：当时也看到了，没想到会"火"/没想到怎么联系起来，所以没构思。

场景四：

主管：做了这么多选题，是不是清楚哪些选题比较受粉丝欢迎？

小新：无感！

上面四个场景分别反映了新媒体运营过程中选题计划难、选题构思慢、热点意识弱、选题不敏锐等问题。新媒体人的"灵魂三问"："今天发什么，明天发什么，后天发什么"，从本质上是指选题。选题一般指在新媒体运营过程中，围绕新媒体产品创作的一种构思，选题工作是整个新媒体工作的基础，应该说"有了优秀的选题相当于新媒体作品成功了一半"。

本章基于高校宣传工作具有周期性和新媒体工作要求即时性强等规律，以节日"周期轴"为主要脉络，以高校特定固有"热点轴"为枝干，以"爆点轴"话题产品为补充，构建高校新媒体时间轴，形成优秀选题智库并持续更新迭代优化，有效解决高校新媒体的"选题瓶颈"问题。

7.1 巧妙利用新媒体的即时性和高校工作的周期性

优秀的新媒体选题都有共同的特征，或即时性强，或有爆点，或融入热点，或有深度，或有观点，或有价值，或有共鸣，或有感动，或有差异性，或有需求，或震撼，或惊艳，或有趣，或可爱等；高校新媒体从选题内容类别上讲，可分为思想引领类、学校发展类、团学动态类、网络热点类、信息服务类、权益维护类、校园文化类、锐评曝光类、心理疏导类、调研分析类、采访报道类、舆情引导类、传统文化类、重要节日类等选题；从选题形式上讲，主要有文字、图片、音频、视频、H5、小游戏以及不同形式的融合等。

"天下武功，唯快不破"，这句话同样适用于新媒体选题工作，特别是对于一些新闻类的选题，可以说是"只有第一，没有第二"，第一时间发布有价值内容的新媒体平台可能获得的是10万人以上的阅读量，后面的平台跟着发的内容可能无人问津。但是做过新媒体工作的编辑都清楚，完成一篇新媒体作品的流程相对复杂，工作量也是大得惊人。以完成一篇图文类的微信文章为例，要经过选题构思（选题会）、结构布局、标题撰写、文案写作、图片选配、排版编辑、互动设计、审核发布等多个环节，且每一环节都需要反复讨论、反复推敲、反复修改，需要大量的时间投入，这和新媒体即时性强的要求本身是有冲突的。

"惟其艰难，才更显勇毅。"细心梳理高校工作和新媒体选题可以发现，搞定选题并非无章可循的。高校宣传工作本身有明显的周期性，大部分的新媒体选题也是有规律性的,如每年6月份选题的关键词是儿童节、端午节、高考、社团换届、英语四六级等;7、8月份选题的关键词是"三下乡"、招生宣传、暑期安全、迎新生、七夕等;10月份选题的关键词是国庆、中秋节、秋季运动会、重阳节等。

鉴于高校新媒体选题的这种特征,立足于即时性和周期性,在新媒体运营过程中,可以通过创建新媒体时间轴,以时间顺序为脉络,结合重要时间、活动节点,穿插新媒体运营"爆点",让新媒体运营做到在抓热点的同时具有计划性,有效解决选题难、选题不及时的问题,提高选题构思效率,保证高校新媒体运营工作有条不紊地持续进行。

7.2 高校新媒体时间轴,破除"选题瓶颈"

高校新媒体时间轴是指依托高校宣传工作具有周期性和新媒体工作要求即时性强等规律,以高校固有"周期轴"为主要脉络,以高校特定"热点轴"为枝干,以"爆点轴"话题产品为补充,构建的高校新媒体选题计划时间轴,最终形成优秀选题智库并持续更新迭代优化。具体如图7.1所示。

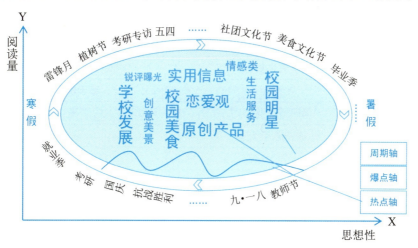

图7.1 某高校团委新媒体时间轴模型示意图

注:新媒体时间轴X轴代表思想性,Y轴代表阅读量,与坐标轴选题关键字没有直接对应关系。这样设计旨在向大家传递:高校新媒体工作者在做新媒体选题的时候,要统筹考虑选题的思想性和阅读量。

7.2.1 高校新媒体时间轴之周期轴

高校新媒体时间轴之周期轴是高校新媒体时间轴的主体轴，指与时间节点有强烈关系新媒体选题，包括选题关键词和写作创意思路，具体如表7.1所示。

表7.1 某高校团委新媒体时间轴之周期轴目录

月份	选题关键词	具体时间
1月	元旦	每年1月1日
1月	考试周	根据学校校历确定
1月	寒假	根据学校校历确定
1月	考试成绩公布	无
2月	春节	农历新年,每年农历正月初一
2月	元宵节	每年农历正月十五日
3月	雷锋月/学雷锋纪念日	整个3月/每年3月5日
3月	女生节	每年3月7日
3月	植树节	每年3月12日
3月	国际消费者权益日	每年3月15日
3月	春季招新	无
3月	挂科补考	无
3月	研究生复试	根据学校通知确定
3月	两会	每年3月份
4月	考研或就业采访	无
4月	十佳歌手大赛	无
4月	世界地球日	每年4月22日
5月	五一国际劳动节	每年5月1日
5月	五四青年节	每年5月4日
5月	母亲节	每年5月第二个星期日
5月	网络情人节	每年5月20日和5月21日
5月	大学生心理健康日	每年5月25日
5月/6月	毕业季	无

续表

月份	选题关键词	具体时间
6月	儿童节	每年公历6月1日
6月	端午节	每年农历五月初五
6月	高考	每年6月7~8日
6月	父亲节	每年6月第3个周日
6月	社团换届	无
6月	英语四六级	每年6月第三个星期六
6月	选课	无
7月	建党节	每年7月1日
7月	考试周	无
7月	"三下乡"	无
7月	暑假	无
8月	建军节	每年8月1日
8月	招生宣传	无
8月	七夕节	每年农历七月初七
8月	迎新季	无
9月	新生军训	无
9月	大学初体验	无
9月	英语分级考	无
9月	社团招新	无
9月	抗日战争胜利纪念日	每年9月3日
9月	教师节	每年9月10日
9月	"九·一八"纪念日	每年9月18日
10月	国庆节	每年10月1日
10月	中秋节	每年农历八月十五
10月	学校秋季运动会	无
10月	重阳节	每年农历九月初九
10月	就业季指导	无
10月	必考证书	无
11月	考试周	无

续表

月份	选题关键词	具体时间
11月	"双十一"	无
11月	保研采访	无
11月或12月	初雪	无
12月	世界艾滋病日	每年12月1日
12月	国家宪法日	每年12月4日
12月	国际志愿者日	每年12月5日
12月	"一二·九"运动纪念日	每年12月9日
12月	南京大屠杀死难者国家公祭日	每年12月13日
12月	英语四六级考试	每年12月第三个星期六
12月	研究生考试	每年12月最后一个周末
12月	选课指南	无
12月	年度盘点	无

针对以上选题，形成选题创意库，并持续更新、持续迭代、持续优化。

高校新媒体时间轴之周期轴选题关键词包括以下三类：

第一类是中国传统节日。形式多样、内容丰富的中国传统节日是中华民族悠久历史文化的重要组成部分，如除夕、春节、元宵节、清明节、端午节、七夕节、中秋节、重阳节、冬至等，传统节日的设置体现了中华民族对自然的认识和尊重，蕴含着厚重的历史与人文情怀，拥有丰富的文化内涵和精神核心。通过多种多样的形式，中华民族在节日中表达出中华民族的价值和思想、道德和伦理、行为与规范、审美与情趣，也凝聚着千百年来人们对幸福生活的积极向往和执着追求。

第二类是高校重要节点，如校庆、校运会、开学典礼、毕业典礼、教师节、毕业季、招生季、迎新季、招新季、考试周、研究生考试、寒假、暑假、"三下乡"等，这些活动已成为高校校园文化重要的元素和符号。

第三类是大学生相关节点，如女生节、五四青年节、大学生心理健康日、"双十一"、五一国际劳动节、儿童节、高考、英语四六级考试、植树节、雷锋月、抗日战争胜利纪念日、网络安全周（每年9月第三周）、国庆节、世界艾滋病日、国际志愿者日、元旦等。

7.2.2 高校新媒体时间轴之爆点轴

高校新媒体时间轴之爆点轴指高校新媒体运营中容易引起粉丝关注的话题，有些爆点具有较强的时效性，对推送时间要求较高，有些爆点为长效爆点，即无论何时推送都能够引发关注，不受时间的限制，但他们具有很强的传播爆发力，本质上是大量数据分析总结的呈现，是高校新媒体时间轴之周期轴的有效补充。常见的"爆点"有学校发展类、突出荣誉类、杰出校友类、学校"秘史"类、创意美景类、实用信息类、校园××神类、校园美食类、锐评曝光类、恋爱情感类等。

7.2.3 高校新媒体时间轴之热点轴

高校新媒体时间轴之热点轴指校内热点事件或者青年大学生密切关注的网络热点事件、校园新变化，具体的信息来源可关注学校贴吧热议内容及知乎热榜、微博热搜、百度热榜、微信热文（排行榜）等榜单。热点轴选题对时效性要求最高，有些选题热度稍纵即逝，这就要求高校新媒体运营人员平时要多练习基本功，研究网络热点传播规律，善于挖掘切入视角，正面引领青年思想。

高校新媒体时间轴更是一种思维，要在日常的运营过程中坚持"新选题快做、老选题深做"的原则，持续完善，持续更新，持续迭代，常用常新，打造选题智库。在确定选题之后、写微信文章之前，还需要考虑构思创意、布局结构、文章风格等。

7.3 文案结构巧妙布局，破除"浪费感情"

为了便于手机阅读，微信文章一般不宜过长，这就对微信文章的结构布局提出了更高的要求。微信文章的结构布局是指全文的篇、章、段、句安排，基本要求是内容聚焦、层次分明、条理清晰、风格统一、一以贯之。微信文章一般由标题及摘要、开头或者开篇、结构布局（正文）、结尾几部分组成。

常见的开头技巧有提出问题法、情景导入法、开门见山法、亮点呈现法、总结提炼法、巧妙引用法等。常见的结构布局技巧有总分总式结构、正反对比结构、并列式结构、层层递进式结构、情景式结构、对话式结构、分析式结构等。常见的收尾技巧有号召呼吁型、煽情升华型、首尾呼应型、总结凝练型、警示教育型、开放收尾型等。微信文章结构布局技巧与要点如表7.2所示。

表7.2 微信文章结构布局技巧与要点

内容	常用技巧	要点
标题及摘要	其他章介绍	其他章节介绍
开头	提出问题法	提出问题,引导读者带着问题阅读
	情景导入法	通过文、图、音等营造场景,调动读者兴趣
	开门见山法	开宗明义,直奔主题,不绕弯路
	亮点呈现法	总结文章亮点,调动读者兴趣
	总结提炼法	提炼文章大概内容,让读者提前了解
	巧妙引用法	引用网络热点、有趣故事等,由此引出话题
结构布局	总分总式结构	开头提出问题,中间分述问题,结尾总结结论
	正反对比结构	罗列正反方观点,不直接给出标准答案或观点
	并列式结构	不分主次先后,相对独立
	层层递进式结构	层层推进,有先后逻辑关系
	情景式结构	选择几个生动、有趣、典型场景串联起来
	对话式结构	采用一问一答的形式表达一个主题
	分析式结构	从现象到本质,由表及里,环环相扣
结尾	号召呼吁型	向某种行为发出号召/呼吁/抵制行动
	煽情升华型	激发读者情感,引起读者共鸣
	首尾呼应型	和文章开头遥相呼应,形成闭环
	总结凝练型	简要概括文章全文,加以总结,点明题意
	警示教育型	给读者警示,引起高度重视或行为改变
	开放收尾型	不直接给出答案,留出空白,让读者自由想象

7.4 文风有趣内容易懂,破除"鸡汤说教"

微信文章不同于传统上一般意义的文章,具有很多新特点,这就需要我们适应微信文章的特点,进行深度构思。除了文案结构外,文风也是需要进行改变的,主要注意下面几个方面。

7.4.1 多平等对话,少高处说教

有的微信文章有些致命的缺点,如不够接地气,不够亲民。在做高校新媒体运营时,尤其是创作微信文章时,要把身段放低,从粉丝视角写作,贴近实际,贴近生活,贴近粉丝,用粉丝可接受、看得懂、听得进的方式展示,让读者在最短的时间内高效率阅读。千万不要单纯复述和评论,用一副事不关己、高高挂起的淡然心态对待,更不能站在道德高处进行说教。

7.4.2 多用小标题,厘清大逻辑

建议所有的微信文章都使用"大标题+小标题"的形式,一方面可以锁定主题,不会跑题;另一方面让读者一目了然,赏心悦目。对小标题的要求有以下几点:

(1)统一。大标题是主干,小标题是枝叶,小标题和大标题内容和风格要统一,形式协调一体,小标题以3~5个为佳。

(2)关联。小标题之间、小标题与大标题之间要形成内在逻辑联系,做到结构相同、语气一致、一线贯通。

(3)新奇。新则不落俗套,奇则引人注目,大部分读者喜欢先看小标题,再决定是否阅读正文,新奇的标题本身就是吸引力。

7.4.3 多幽默诙谐,少冰冷死板

幽默是一种语言艺术,生活中的每个人都应当学会幽默。高校新媒体要多一点幽默智慧,多一点妙言成趣,少一点气急败坏,少一点偏执极端,让

粉丝感到和谐愉快、轻松自如，让粉丝在发笑中受到教育、增长知识。

7.4.4 多讲小故事，少讲大道理

故事是人类认识自然与自我的重要且高效的形式。人类在幼年时，便学会了将现实转化为故事去理解。世人多爱听故事，一个好故事能够引起读者的共鸣。多讲小故事，少讲大道理，让读者在故事中自我反思、自我感悟、自我升华。

7.4.5 多小视角入，重真情实感

小视角让读者觉得是在自己身边发生的事情，反而有更为强大的震撼力，给人真实感、生活感，更容易产生共鸣，大视角容易让读者产生和自己不相关的感受，不太容易引起读者关注。

7.4.6 多描述经历，少夸奖赞美

微信文章如果对某件事情或人物大篇幅赞美，很容易引起部分学生的反感，要多描述事件发展过程、人物事迹经历，让读者多感受经历，自觉向正能量靠拢，向榜样学习。

7.4.7 多当段子手，讲好大规律

段子能被传播是有一定道理的，好段子都是金句。例如，名人名言大多是对人性的总结。优秀的段子至少要具备三个要素：

（1）洞察人性，触及现象背后的本质。
（2）有一定遣词造句的文字功底作支撑。
（3）抖包袱，出其不意，反向思维。

7.4.8 多挖掘内幕，少套话废话

用户没有想到的事情比用户想到的事情更有意义，更能让用户尖叫。如果读者从一篇文章里得不到有用的信息，即使阅读了，也不会转发传播。这就需要高校新媒体运营团队多角度挖掘用户不知道的事情，多赴一线获取一

手资料，而非蜻蜓点水。

7.4.9 多短句散句,少错字病句

短句表意灵活，简洁明快，节奏感强；散句长短不一，富于变化，自由活泼，错落有致，形式灵活，使用性广。短句、散句、短段更适合微信文章写作，同时也方便手机端排版效果展示。

高校新媒体运营要尽力避免错字、病句，否则会给人一种"一粒老鼠屎坏了一锅粥"的感受。由于现在大部分人多使用拼音输入法打字，导致常见的错字形式主要是同音、近音致误。因此在拼写汉字的时候要注意同音、近音词语，检查错字的时候也应该多检查同音、近音词组。

常见的病句类型主要有搭配不当（如主谓搭配不当、动宾搭配不当、修饰语与中心语搭配不当等），成分残缺（如缺主语、缺谓语、缺宾语等）；词语误用（主要指词语褒贬色彩不当），语序有误（如因果颠倒、不符合认识事物的规律或事物发展的规律等）、重复出现，不合逻辑（主要指语意违背常理）。病句修改或检查病句可采用成分检验法（提取句子主干）、寻找关联词语法、同类型句子比较法、语感把握法等方法进行。

7.4.10 多形式表现,少单一载体

新媒体的特点之一是载体形式的丰富性，主要有文字、表格、图表、图片、动图、音频、视频等，在创作微信文章的时候，要坚持"能用表格表达的，绝对不用文字""能用图片表达的绝对不用表格""能用视频表达的绝对不用图片"等原则，尽量使用多载体展示宣传内容。

【福利帖：微信选题会工作模式】

选题会，顾名思义，是指团队成员集中汇报、讨论、确定选题的会议，可分为线上选题会和线下选题会，线上选题会可根据需要随时进行，线下选题会则大致分为以下几个过程：

（1）会前准备选题。团队成员在会前要提前准备好选题，内容至少包括

选题标题、写作思路及提纲、配图思路及来源、文章意义或目的等。

（2）会上讨论沟通。团队成员汇报思路，负责人及其他同学集思广益，给出修改意见。

（3）会后整理归类。负责人进行初步筛选整理并交由指导老师审核，由指导老师给出写作意见。

（4）及时写作出稿。通过审核的选题，由负责人根据不同编辑擅长的风格分配任务，并规定截止日期，以便修改、审核、排版。

（5）编排要有计划。每周日确定下一周（7天）微信发布文章日程安排，由指导老师确认无误后在内部群公示。

（6）定稿与安排排版。至少提前1天安排排版，方便大家查漏补缺，力求做到"零错误"。

（7）如时间充足，利用排行榜等平台学习近期其他高校、团委官微等优秀平台优质作品。

（8）其他。日常时间，把"网络选题会"机制常态化，新选题快做。

第8章　微信引流

从不常打开的公众号到经常浏览的朋友圈

主管：我们微信公众平台粉丝数也上去了，为什么阅读量还这么低？

小新：据统计，80%的微信公众平台文章打开率低于5%，也算合理。

主管：我们的文章这么好，粉丝们为什么不愿意点开文章看呢？

小新：据了解，微信用户还没有养成打开订阅号阅读文章的习惯。

主管：粉丝天天在微信上都在干嘛呢？

小新：据调研，他们更喜欢在微信上刷"朋友圈"，聊天。

据统计，80%的微信公众平台文章打开率低于5%。换句话说，一个拥有"10万+"粉丝的微信公众号头条文章每天阅读量可能不足5000。这里面可能有多种原因，笔者认为其中一个重要的原因应该是"社交网络悖论"。社交网络悖论指社交网络规模越来越大，用户好友越来越多，但用户间的交流愈加减少、社交能力变低。由于各微信公众平台的营销推广，在个体还没有养成打开订阅号阅读文章习惯的时候，每个人主动或被迫关注了太多微信公众号，无法分出精力主动打开订阅号。

8.1　社交引流

朋友圈是微信上的一个社交功能，用户可以通过朋友圈发表文字和图片，同时可通过其他软件将文章或者音乐分享到朋友圈。用户可以对好友新发的照片进行评论或点赞，其他用户只能看相同好友的评论或点赞。由于朋友圈具有隐私性，用户更愿意每天刷朋友圈。因此微信引流，可以通过相关技巧，将日常推送内容转发至用户经常打开的朋友圈,打通微信文章与用户的"最后一公里"。

8.1.1 运营平台个人微信号

高校新媒体运营团队可用所运营平台名称或平台卡通形象昵称命名申请微信个人号进行微信引流。公共平台的个人微信号发布内容可归纳为三类:

(1)"类微博"进行运营但要限制每天发布条数,一般要控制在2条以内。

(2)线下线上活动宣传,引导用户关注官方微信公众平台。

(3)通过引导语转发官方微信公众平台每天发布的内容,如图8.1所示,某高校团委运营的"小葫芦"个人微信号,每天转发官方团委发布的微信文章进行引流。

图8.1 某高校团委运营的个人微信号

关于转发引导语写作技巧，主要有以下几点：

（1）复制摘要法。微信文章的摘要是经过编辑字斟句酌、反复推敲形成的，摘要本身也是起引导作用的，因此最简单的方法是直接打开微信公众平台，把微信文章摘要复制出来，作为转发引导语。

（2）复制亮句法。一篇微信文章总有一些反映文章中心或者亮点的句子，这些句子通常是文章"眼睛"，所以直接把这种内容复制出来作为引导语，也能很好地引导粉丝打开文章。

（3）复制评论法。一篇微信文章发布后，总会发现一些精彩的评论，且能得到大家的积极点赞，直接把这些精彩的评论复制出来，也能引起朋友圈粉丝共鸣。

（4）解读标题法。标题是一篇文章最好的引导语，因此可用标题的二次解读作为引导语。

（5）总结提炼法。在时间充分的条件下，平台运营人员最好通读文章全篇，结合个人的理解对文章进行总结凝练，形成引导语。

8.1.2 运营平台铁杆粉丝群

微信群是腾讯公司推出的多人聊天交流的一个平台，可以通过网络快速发送语音短信、视频、图片和文字。用户可以通过微信与好友进行形式更加丰富的类似于短信、彩信等方式的联系。一个微信群最多可添加500人。为了避免恶意帐号给群带来骚扰，更好地保护信息安全，当群内人数超过40人时，应设置"邀请需要对方同意"；超过100人时，应设置"对方需要通过实名验证才能接受邀请"，可通过绑定银行卡进行验证。微信工作群与传统办公方式相比，有无纸化、便捷、互动等优势。因此，可通过开通的平台个人微信号建立一些平台铁杆粉丝群，作为粉丝引流的渠道之一。建立平台铁杆粉丝群，并不是一蹴而就的，需要做好日常运营和管理。

（1）做好微信群成员及内容管理审核。一是做好成员申请审核工作；二是做好群内成员信息发布内容的管理工作，如对发布不良信息和广告者，一般情况下，第一次给予警告，第二次直接踢出群，情节严重者直接踢出群；

三是做好群内成员信息互动工作等。

（2）经常发放一些平台周边文化产品。为刺激用户转发或评论，可以开发一些文化产品进行发放，在发放的过程中，可以通过开通的平台个人微信号或铁杆粉丝群进行发放，从而达到增粉和维护粉丝的目的。

（3）转发运营平台微信文章至微信群。每天通过引导语或推荐语转发运营官方平台发布的微信文章至铁杆粉丝群。

8.1.3 建立校院班矩阵网络

高校校–院–班的线下组织架构相对完善，因此可将校–院–班的线下组织架构搬到网上，通过相关网络载体形成线上线下校–院–班级（社团）三级"网络化"组织架构，打通渠道，共享信息，共同发声，形成合力。

8.1.4 鼓励团队成员多转发

平台运营团队成员是创作微信网络产品的中坚力量，也是平台日常运营运转的重要支撑，因此应该通过相关举措或制度鼓励团队成员多转发微信文章，转发的引导语或推荐语写作可参考本章第一节相关内容。

8.1.5 寻求校园"大V"多分享

"大V"是指在新浪、腾讯、网易等新媒体平台上获得个人认证，拥有众多粉丝的用户。由于经过认证的用户在其昵称后都会附有类似于大写的英语字母"V"的图标，因此，网民将这种经过个人认证并拥有众多粉丝的用户称为"大V"。所谓校园"大V"，是指校园学生中在网络上或高校网络空间中拥有众多粉丝的用户或意见领袖。他们的一举手、一投足、所说的每一句话、转发的每一条信息，都会一石激起千层浪，在这个虚拟的环境中引发轩然大波。高校宣传管理部门要对这些"大V"心里有数，并做好备案，一方面要教育这些校园"大V"在发布每一条信息前应三思而后行，对有疑问的内容谨慎转发、不盲目传播，坚守法律和道德底线，另一方面也可以引导这些校园"大V"转发一些要重点传播的内容。

8.2 功能引流

功能引流指通过微信公众平台功能菜单开发，引导用户经常使用所运营的微信公众平台，进而增强与日常推送内容的接触。

8.2.1 功能菜单开发：帮助粉丝养成主动打开公众号习惯

对微信平台来说，粉丝还没有养成打开订阅号阅读文章的习惯，所以对大多数平台来说，一条一般性的文章阅读量还达不到粉丝数的5%。针对以上情况，我们可以根据微信的特性在微信功能菜单上做文章，开发一些和粉丝日常生活、学习、工作相关的刚性需求类功能菜单，引导粉丝主动打开订阅号，这样粉丝在点击微信下拉菜单查阅信息的时候，看到感兴趣的文章才会点进去进行阅读，增加微信阅读浏览量。

笔者结合工作实践经历，梳理了全国高校官方微信公众号和全国高校团委官方微信公众号排行榜TOP50微信功能菜单，归纳了全国高校官方微信公众号功能菜单梳理信息表（表8.1）和全国高校团委官方微信公众号功能菜单梳理信息表（表8.2）。

表8.1 全国高校官方微信公众号功能菜单梳理信息表

序号	常见功能
1	微主页、校园新闻、通知公告、讲座报告
2	本科教学、考试安排、我的课表、我的成绩、×大校历、考场查询
3	查询大厅、常用查询、服务大厅、校车时刻表
4	参观×大、×大导览、×大地图、校园风光、全景地图、三维校园、VR校园
5	校史微馆、网上展馆、×大历史
6	图书馆、图书查询、借阅图书清单
7	实验室风采
8	媒体矩阵、微信矩阵、新媒体联盟、新媒体矩阵
9	本科招生、校招信息、招生信息、报考×大、录取查询、院系介绍、新生报到

续表

序号	常见功能
10	宿舍报修、网络报修、后勤监督
11	跳蚤市场
12	我要自习、场馆预定、体育馆预订、教室查询、网上选座、空教室
13	历史消息、精彩回顾、往期经典、往期回顾
14	速速投稿、投稿与合作、欢迎投稿、我要投稿
15	加入我们
16	联系我们、联系方式、各部门电话、加入校友会

表8.2　全国高校团委官方微信公众号功能菜单梳理信息表

序号	常见功能
1	青马工程
2	社会实践、志愿服务、西部计划、创青春、挑战杯
3	青年之声、新生指南、校园维权
4	美食地图
5	第二课堂成绩单、第二课堂、素拓学分
6	团日活动
7	活动场地借用查询、场地审批、青年之家
8	×大影院
9	融媒矩阵
10	失物招领
11	图书馆查询、座位预约
12	网上报修、后勤报修
13	1分钟看×大
14	历史消息、精彩回顾、往期经典、往期回顾、往期美文、原创精品
15	征稿方式、我要投稿
16	加入我们
17	联系我们

当前，互联网，特别是移动互联网，成为大学生主要的信息来源地和思想集散地，深刻重塑着他们的学习、生活、交往、思维方式，如何将广大青年学生聚集在学校主流网络阵地上成为不可逃避的艰巨任务。此外，近几年市场上涌现出众多针对组织建设、宣传推广、权益维护等功能的网络平台，平台间互不兼容，师生们疲于在不同平台间"奔波"。例如，为避免以上问题，某高校团委结合共青团工作性质，打造了基于微信端的"第二课堂成绩单"管理系统，实现对第二课堂活动进行模块划分、信息发布、过程管理和效果评价，对发起第二课堂活动的团学组织进行管理、监督、考核和评价，对学生参与第二课堂活动进行记录、评价和认证，对学生参加第二课堂活动的数据进行收集挖掘和统计分析，并自动生成第二课堂成绩单。用户只需要通过个人微信关注校团委官方微信，免去了下载安装APP的过程，得到了师生用户的高度认可。

8.2.2　开发周边产品：让粉丝随时有意外惊喜

周边产品，重在文化。高校新媒体要依托新媒体平台卡通形象，通过线上线下活动赠送文化产品（表8.3），以吸引新粉丝，维护老粉丝，增强亲和力，使其成为学校重要的校园文化元素，成为学子们求学期间的精神文化载体。当然最重要的是如何依托这些产品载体设计出具有平台特色的周边文化产品。

表8.3　全国高校开发周边文化产品表

序号	常见周边文化产品
1	书签、明信片、手绘地图
2	校园一卡通外壳（套）
3	扇子、迷你手持风扇
4	帆布袋、小书包、斜跨包
5	校园纪念戒指
6	钥匙扣
7	公仔、抱枕

续表

序号	常见周边文化产品
8	U盘
9	杯子
10	笔记本、校历工作备忘录、信纸、信封、贴纸、印章
11	文件夹、档案盒、文件袋
12	签字笔
13	雨伞、太阳伞
14	手机气囊支架、手机壳、移动电源
15	文化衫
16	鼠标垫、鼠标

8.2.3　微信投票引流：又爱又恨的运营技巧

场景一：

小新：自从推了投票的文章后，公众号的粉丝数就涨了好多啊！

小孙：对啊，不光是粉丝，咱们公众号的阅读量也高了许多呢！

小新：看来在线投票这个功能对增粉和增阅读量都很有用呢。

小孙：是啊是啊，要是再多推送几篇投票的文章就好了。

场景二：

小王：最近在朋友圈里整天被人拉票，都快烦死了。

小李：对啊对啊，我的朋友圈也是一样，整天有一些投票的文章推送。

小王：还有还有，有的投票必须关注公众号才能投，真是头疼。

小李：没错，因为投票已经连续关注了几个公众号了，之后再取消关注，真麻烦。

小王：……

在线投票作为一种基于微信、微博等新媒体平台的工具，给新媒体运营者带来了许多便利的同时，也给网民带来了诸多困扰，下面从两个方面来剖析关于在线投票的"爱"与"恨"。

1. 编辑:"爱"在方便快捷、立竿见影

在线投票作为一种新兴的投票方式,打破了传统投票方式的禁锢,使得投票的形式变得简单,传播速度也更加快捷,这一功能首先便利了投票发起者,他们通过在线投票的方式快速高效的完成任务,达到目的。当然在线投票这种新的投票模式所带来的便利不仅仅只有这些,它的诞生也给新媒体的运营带来了极大的益处。比如,微信投票通过让粉丝拉票的形式,间接达到了宣传微信公众号的目的,微信投票还可以设立是否只有关注微信公众号才可以投票来达到直接增粉的效果,除了增长粉丝量的效果外,微信投票对于提高微信流量的效果也是立竿见影。因为具备了快速增粉和提高流量这两大优点,在线投票一直受到新媒体运营者们的青睐,在线投票也逐渐成为许多新媒体工作者宣传自己平台的一种方式。

2. 网民:"恨"在花样重重、不堪其扰

与新媒体工作者们的心境恰恰相反,广大网民们对在线投票这一方式很反感。在刷朋友圈时,朋友圈里时不时会跳出拉票的文章,或是在看订阅号时,看到这种文章也难免产生厌烦之情。更令人生厌的是有的投票必须关注公众号才能进行,大家也因此被动地关注了许多对自己而言无用的公众号。

在线投票这一功能在便利了投票发起者和新媒体运营者的同时,却让许多粉丝用户们产生厌烦之情。

高校新媒体运营者们要合理使用投票,在使用投票时,要注意以下事项:

(1)坚持非必要不使用,少打扰粉丝。

(2)充分把握投票内容,忌娱乐大众。

(3)减少评奖荣誉投票,勿靠其增粉。

"剑无好坏,关键要看用剑的人。"投票作为一项新媒体运营技巧,本身无好坏之分,关键看新媒体编辑如何使用。笔者整理了一些适合在高校投票的事项,具体见表8.4。

表8.4 部分适合在高校投票的事项

序号	事项
1	××大学大学生最喜欢的食堂
2	××大学"十大地标"评选
3	××大学×校区最适合自习的地方
4	××大学食堂"十大特色佳肴"
5	××大学易挂科课程排行榜
6	××大学大学生遗憾排行榜

第9章　微视频

新媒体平台未来重要载体

主管：现在微视频这么火爆，可以做点视频类产品？

小新：咱们没专业器材，拍摄素材不理想。

主管：这次微视频产品进展怎么这么缓慢？

小新：咱们没专业人员，选题、脚本、拍摄、音效、剪辑、字幕、特效等这些都需要花大量时间。

主管：微视频行业火爆，我们拍的作品怎么没粉丝看？

小新：咱们拍得还不够吸引人。

随着移动互联网的高速发展，智能手机已进入千家万户，特别是运营商"提速降费"后，微视频行业发展迅猛，在这样的时代环境下，高校新媒体也应当关注微视频的形态优势和未来潜力。由于大部分高校新媒体运营人员非视频制作相关专业出身，在刚开始做视频时，一般会遇到"无设备、无人员、无流量"等尴尬的局面。

视频和图文不同，它拥有字幕、声音、画面等元素，是一种更为直观、立体的传播形态，且这一形式正逐渐取代图文，成为用户使用最多、最受欢迎的内容形态。

9.1　本质：爆款微视频底层逻辑

爆款微视频或者爆款图是有底层逻辑的，简单来说，就是"正常需求内容的非正常呈现"。这里笔者总结出拍摄微视频的三条法则：非人类正常的视角、非人类正常的节奏、人类正常需求内容。司空见惯的表现方式或场景已不能刺激到用户。

9.1.1 非人类正常的视角

所谓人类正常视角,即我们平时看待世界的视角、视野等。在微视频创作里,要多采用非人类正常的视角进行拍摄,以达到在短时间内吸引粉丝的效果,如上帝视角、全景视角、旋转视角、蚂蚁视角、仰拍视角、缝隙视角、错位视角、镜面(反射)视角、水晶球视角、镂空剪纸、三棱镜制造效果等。

9.1.2 非人类正常的节奏

所谓人类正常节奏,即我们正常听到的声音、节奏。在微视频创作里,可以采用非人类正常的节奏,以达到震撼的效果,如速度的快与慢、物体的静与动等。简单来说,就是把慢的变快,快的变慢,快慢结合;静的变动,动的变静,动静结合。例如,现实中正常速度的景象人们可能还没有看清,就结束了,相对比正常速度的镜头表达,慢镜头能为主体添加更细致的描写和刻画。

9.1.3 人类正常需求内容

无论形式如何变,人类的正常需求是不变的,基本可以分为高热度(火)、正能量(真)、藏感动(善)、高颜值(美)、超搞笑(喜)、曝光台(怒)、享独家(稀)、有价值(利)、现反转(奇)、巨可爱(萌)等。

9.2 工具:工欲善其事,必先利其器

在实际拍摄过程中,经常会听到有人反映拍不出优质视频的原因是设备不行。事实上,在移动端展示视频,即使是普通手机也能拍摄出不错的素材;反之,就算你用的是价值昂贵的设备拍摄,如果不懂拍摄技巧,拍摄出的素材可能并不能使用。好的设备只能起到辅助作用,而不足以直接产生好的结果。

9.2.1 硬件

笔者整理了制作微视频所需要的一些硬件设备及其特点,见表9.1。

表9.1 微视频制作推荐硬件及设备

设备名称	特点
智能手机	方便携带、操作简单、功能强大、在线分享
单反相机	轻便、价格比摄像机便宜、画质等更加专业、可换镜头
摄像机	不方便携带,但视频效果要好很多
麦克风	提升视频、音频质量
手机稳定仪	适合动态场景拍摄,防止画面抖动
轨道车	适用专业外景动态场景拍摄
三角架/手机脚架	适合静态场景拍摄,起固定作用
摄影灯/补光灯	提供辅助灯光
微距/广角/鱼眼镜头	拍摄微小对象/拍摄大环境/艺术效果

9.2.2 软件

笔者整理了制作微视频所需要的非专业和专业软件及其特点,见表9.2。

表9.2 微视频制作推荐软件

软件名称	特点	端口
小影	即拍即停,拍摄、剪辑、设置特效等	手机端
乐秀	图片制作为视频,可编辑视频、制作GIF等	手机端
巧影	视频剪辑、视频图像处理、视频文本处理	手机端
快剪辑、爱剪辑	快速实现视频的剪辑、添加字幕等基础特效,下载安装简单	PC端
会声会影	可为视频添加素材、转场、覆叠及滤镜等效果	PC端
Pr	专业软件,安装和使用较麻烦,对研究和操作系统要求较高	PC端
Arctime、字幕通	自动识别视频里的语音,然后自动切割时间轴、转化成字幕	PC端
红蜻蜓抓图精灵	自定义屏幕捕捉软件,免费	PC端

续表

软件名称	特点	端口
GifCam	集录制和剪辑为一体的屏幕GIF动画制作工具	PC端

9.3 制作：微视频也能拍出大片感

微视频的制作程序和环节与长视频一样，包括研讨选题、构思脚本、实际拍摄、视频剪辑、音效字幕等。

9.3.1 选题：微视频"灵魂"

微视频选题，即微视频想要表达的内容。往往有中心思想的微视频，才有其本身独特的灵魂。高校新媒体在做选题工作时，至少要考虑视频主题、视频内容、视频形式等。

9.3.2 脚本：微视频构思"草稿纸"

脚本，又称分镜头脚本，它可以帮助拍摄者在正式拍摄前构思镜头场景，方便大家协同合作。一般分为纯文字类分镜头脚本和图文并茂类分镜头脚本。

（1）纯文字类分镜头脚本。适用于时间急的情况，首先可以处理为一个表格，表头包括：镜号、景别、运镜、时长、画面内容、音效、字幕、备注等；然后按着自己对成片的想法构思，将这些内容填满，实拍的时候对照脚本进行灵活拍摄。

（2）图文并茂类分镜头脚本。这应该是"最正宗"的分镜头脚本了，好莱坞大片几乎在拍摄前都会有专业的分镜师来绘制分镜头，有手绘的，也有借助PS绘制的。这类分镜头的表头比较简单，包括镜号、时长、画面内容、音效、字幕、备注等。

此外，对有经验的人来说，微视频的脚本可能不需要写出来，他们把每一个镜头装在自己头脑中，用镜头的思维方式来构思，再在实践的过程中逐渐完善。但是，对新手来说，要先学会撰写分镜头脚本，积累经验。

9.3.3　拍摄：微视频源素材"生产工厂"

镜头是影视创作的基本单位，一个完整的影视作品，是由一个一个独立的镜头完成的，离开独立的镜头，也就没有了影视作品。微视频的制作也就是通过多个镜头的组合和设计的表现完成的，所以，镜头的应用技巧也直接影响影视作品的最终效果。笔者整理了常见的微视频拍摄手法，具体见表9.3。

表9.3　微视频拍摄常见手法

常见手法	具体操作
静	拍摄机器不动，取景范围不动，仅拍摄取景范围内画面
推	被摄体不动，拍摄机器作向前的运动，取景由大变小，分快推、慢推、猛推
拉	被摄体不动，拍摄机器作向后的运动，取景由小变大，分慢拉、快拉、猛拉
摇	摄像机位置不动，机身依托于三角架上的底盘做上下、左右、旋转等运动
移	摄像机安放在运载工具上，沿水平面在移动中拍摄对象
跟	跟踪拍摄，使观众的眼睛始终盯牢在被跟摄主体上，对稳定性要求较高
升	上升摄影、摄像，拍摄机器作向上的运动拍摄
降	下降摄影、摄像，拍摄机器作向下的运动拍摄
俯	俯拍，常用于宏观地展现环境、场合的整体面貌
仰	仰拍，常带有高大、庄严的意味
甩	即扫摇镜头，指从一个被摄体甩向另一个被摄体，表现急剧的变化
悬	悬空拍摄，有时还包括空中拍摄；常用于表现广阔性
空	又称空镜头、景物镜头，指没有剧中角色的纯景物镜头
反打	在拍摄二人场景时的异向拍摄，最后交叉剪辑构成一个完整的片段
变速	产生"慢动作"和"快动作"的画面效果
延时	长时间定时定格延时拍摄，后期通过照片串联或视频抽帧压缩
航拍	用航空飞行器对景物进行摄影

仅凭这些拍摄技巧还不足以拍摄出优质的视频素材，在拍摄过程中还要坚持以下原则：

① 树立镜头思维构思拍摄画面。

② 绝对不能不停移动摄像设备。

③ 绝对不能让摄像设备乱抖动。
④ 尽量靠近你希望拍摄的对象。
⑤ 尽量通过移动拍摄设备变焦。
⑥ 多拍摄不超过10秒的短镜头。
⑦ 将灯光放置在摄像机的背后。
⑧ 使用外接话筒解决噪音问题。
⑨ 聚焦到主角引起人兴趣画面。

在微视频细分领域，没有过长的时间来讲故事，微视频作品需要从开始到结束持续吸引观者，这就对拍摄创意提出了更高的要求。常见的拍摄创意有一镜到底、画中画、环绕拍摄、视觉误差拍摄、左右对比、上下对比等。

9.3.4 音效：微视频节奏控制"指南针"

音效是指由声音所制造的效果，是指为增进场面之真实感、气氛或戏剧讯息，而加于声带上的杂音或声音。在专业影视制作中，对话、音乐和音效是分别录制的，需要在上下文中进行理解。录制下来的对话和音乐不是音效，而应用在它们上的处理手段常常是音效。在微视频的制作中，有些旁白或对话声音需要用专业设备录音，再叠加到视频里。背景音乐要与视频的情景和主题相符，击中动作或场景转换。

9.3.5 剪辑：微视频"镜头切换3秒法则"

视频剪辑是利用相关软件对视频源进行非线性编辑的过程，如对加入的图片、背景音乐、特效、场景等素材与视频进行重混合，对视频源进行切割、合并，通过二次编码，生成具有不同表现力的新视频。

微视频剪辑镜头长度要遵循"镜头切换3秒法则"，即单个镜头长度最好控制在3秒左右，否则就会产生视觉疲劳。常用的剪辑手法有蒙太奇、闪回、平行情节等。

蒙太奇是剪辑视频中一种重要的思维方式，是指将一系列在不同地点、从不同距离和角度、以不同方法将拍摄的镜头排列组合起来。这些镜头组成的场景意义要比单个镜头相加在一起的意义重大很多。例如，在拍摄《新生军训的一天》的过程中，新生起床、叠被子、洗漱、穿衣服、出寝室等，可以根据新生方便的时间来进行拍摄，不一定非要拍摄新生真正的起床画面。新生从寝室楼出去、跑步至训练场、训练场训练、休息、拉歌等活动可以在不影响其正常训练的情况下拍摄真实画面。运用蒙太奇思维剪辑起来，给人的感觉就是新生军训的一天。闪回是指将故事拉回过去的镜头，是一种倒序剪辑手法，常用于预示未来、回顾过去。平行情节是指将两条或更多独立的画面剪辑在一起，使得人物、场景或对象没有直接交互，但最终又有联系。

9.3.6　字幕：微视频里的文字要尽可能大点

字幕是指以文字形式显示电视、电影、舞台作品中的对话等非影像内容，也泛指影视作品后期加工的文字。在视频上出现的解说文字以及种种文字，如影片的片名、演职员表、唱词、对白、说明词、人物介绍、地名和年代等都称为字幕。在添加字幕的时候要注意以下几点：

① 微视频上的文字应尽可能的大。用户一般用移动终端观看微视频，移动端显示屏幕相对小些，使用比较大的文字能确保读者观看清晰。

② 字幕在屏幕上停留的时间要比你阅读的时间稍长一些。

③ 使用简短、优雅、吸引人的字幕内容。

④ 字幕尽量放在屏幕下方或中间位置或左右两边的位置，如果放到视频画面上，可以在字幕后面加上一个灰色条。

9.4　形式：让微视频效果更上一层楼

微视频的常见形式有以下几种：

9.4.1　快闪

快闪是"快闪影片"或"快闪行动"的简称，是新近流行的一种嬉皮行为，可被视为一种短暂的行为艺术。简单地说，就是许多人用网络或其他方式，在一个指定的地点、指定的时间，出人意料地同时做完一系列指定的歌舞或其他行为后，迅速离开。高校新媒体运营人员可以在特定主题节日时，拍摄一些快闪作品，但要注意在拍摄快闪视频前，先要多彩排，并做好多镜头任务分配。

9.4.2 音乐短片

音乐短片（Music Video，MV），是指与音乐（通常大部分是歌曲）搭配的短片，现代的音乐录像带主要是为了宣传音乐唱片而制作。高校可以创作一些歌曲或改编一些歌词，配以对应的视频素材，形成具有视听效果的MV作品。

9.4.3 微电影

微电影是指专门在各种新媒体平台上播放的、适合在移动状态和短时休闲状态下观看的、具有完整策划和系统制作体系支持的、具有完整故事情节的"微(超短)时"短片，一般时长在几分钟到1小时不等，内容分为幽默搞怪、时尚潮流、公益教育、商业定制等，既可以单独成篇，也可系列成剧。它具备电影的所有要素：时间、地点、人物、主题和故事情节。

9.4.4 小课堂

小课堂是针对高校学生学习、生活的某类痛点、难点，通过一个微视频来解决一个或一类问题，最终形成一系列的视频。

9.4.5 宣传片

宣传片是制作电视、电影的表现手法，是对组织内部的各个层面有重点、有针对、有秩序地进行策划、拍摄、录音、剪辑、配音、配乐，再合成输出制作成片，拍摄目的是声色并茂地突显组织独特的风格面貌、彰显组织实力，让社会不同层面的人士对企业产生正面的、良好的印象，从而建立对该组织的好感和信任度，并信赖该组织的产品或服务，如各高校会在校庆或招生宣传时制作发布学校宣传片。

9.4.6 延时摄影

延时摄影（Time-Lapse Photography），又叫缩时摄影、缩时录影，是以一种将时间压缩的拍摄技术，目前也多叫缩时录影。其拍摄的是一组照片或是视频，后期通过照片串联或是视频抽帧，把几分钟、几小时甚至是几天、几年的过程压缩在一个较短的时间内以视频的方式播放。在一段延时摄影视频中，物体或者景物缓慢变化的过程被压缩在一个较短的时间内，呈现出平时用肉眼无法察觉的奇异精彩的景象。

延时摄影可以被认为是和高速摄影相反的一个过程。延时摄影通常应用在拍摄城市风光、自然风景、天文现象、城市生活、建筑制造、生物演变等题材上。

9.4.7 街头采访

街头采访是指围绕某一个主题，设计若干系列问题，针对路人进行现场随机采访，然后把优秀的采访片段剪辑成微视频的一种视频创作形式。街头采访是相对简单的微视频创作形式。

9.4.8 纪录片

纪录片是以真实生活为创作素材，以真人真事为表现对象，并对其进行艺术加工与展现的，以展现真实为本质，并用真实引发人们思考的电影或电视艺术形式。

第10章 进行微调研

用大部分青年的主流价值观引导青年

主管：现在的青年学生们都在用什么社交平台？

小新：据调研，92%的学生用QQ，85%的学生用微信，48%的学生用微博。

主管：有多少学生关注了我们运营的新媒体平台？

小新：据调研，80%学生关注了微信平台，60%的学生关注了QQ空间。

主管：像"是否该占座"这类选题，学校又不能完全强制，该怎么引导学生？

小新：可以做个调研，了解同学们的想法，根据调研结果写一篇微信文章，引导青年学生理性文明占座。通过大多数青年学生主流的、积极的、健康的观点引导部分片面的、消极的、极端的观点，变说教教育为引导教育。

主管：小新，最近成长了不少啊！

小新：哈哈哈……

调研指通过各种调查方式，比如现场访问、电话调查、网上调查、问卷调查等形式了解受访者的态度和意见，进行统计分析，研究事物的总体特征。调研是获得一手资料的重要方式。关于调研，毛泽东很早就提出了"没有调查没有发言权，不做正确的调查同样没有发言权"的著名论断。从摸清事实和思想引领两个方面讲，高校新媒体也需要做好线上线下调研工作，调研报告既可以转变为优秀的新媒体作品，也可作为调研报告，助力学校日常管理。

10.1 高校微调研选题逻辑

什么样的选题应该使用微调研方法呢?

经笔者实践发现,高校微调研选题具有一定的共性特征,如对学生内心的想法不清楚时可以使用微调研,以便了解青年学生的态度和观点;对某件事不清楚的时候可以使用微调研,以便增强对事物的认知;当存在争论意见且没办法统一时,可以使用微调研,真理越辩越明;面对无法进行硬性规定的行为时,可以使用微调研,通过调研来引导教育学生。

10.1.1 不清不楚的内容要调研

人对事物的认知是一个由表面到内涵、由简单到复杂、由感情到理性、由具体到抽象的过程。在高校新媒体运营工作中,如果存在信息不清楚或信息不对称的情况,便犹如盲人摸象,可能会做很多无用功,甚至是南辕北辙。如我们在考虑是否要开通一个新类型平台、是否要继续加大宣传为平台吸粉等问题时,就需要清楚本单位使用这种新平台的人数、平均每天使用的时长等数据。

10.1.2 意见不一的内容要调研

角色的差异、地位的不同、成长环境的不同等因素会导致看待问题的立场和视角不同,容易产生分歧,甚至构成矛盾、冲突与对立。高校新媒体选题经常遇到上述情况,如果引导不当,可能会激起很大的网络舆情,影响校园和谐稳定。如关于大学是否应该凭证件出入,学校层面做出凭证件出入的决定是从学生安全、校园平安等因素考虑的;学生则认为凭证件出行过于繁琐,影响日常生活;毕业校友则认为没有凭证件不让出入,有伤情感;社会公众觉得大学应该开放,与社会共享大学资源等,这个时候就需要通过调研来发现不同角色的观点及内在原因,一方面可以了解不同角色的想法,另一方面也帮助学校厘清该措施存在的问题,为学校完善治理体系贡献力量。

10.1.3　无法硬规的内容要调研

制度是一种公认的具有某种强制性的行为规则，强制性既是制度的优势，也决定了它不可能规范所有的行为规则。对于一些软性的行为规则，就需要营造校园文化氛围进行熏陶式教育，而调研式引导则是熏陶式教育中一种重要的方式。如对于大学生在公开场所"秀恩爱"到底应该保持什么样的尺度，制度上很难写得具体，这个时候通过调研普通学生对于大学生在公开场所"秀恩爱"的态度，一方面可以暗示当事人规范言行，另一方面也对其他同学起到教育引导的作用。

10.2　高校微调研常见形式

高校微调研的常见形式主要有文献收集、现场访谈、问卷调查等，下面逐一分析。

10.2.1　文献收集

文献收集法指收集、分析、研究统计资料和报道资料，是获得情报信息的一种方法。如利用图书馆、信息机构、国内国际的信息联网，收集政府和企业的各种统计资料、各国年鉴类资料、各种相关专业报纸和杂志等。这种收集法要具备文献检索技能，包括检索策略的确立，计算机和检索工具的使用。

文献收集法的优点在于节省时间、人力和物力，其不足在于已经形成的调查结果可能针对性不强、信息过时等，在参考时应做适当调整。

文献收集法本身就是对调研选题深入了解、深入学习的过程，站在巨人的肩膀上看世界，会少走很多弯路。在没有做文献收集前，我们对某个调研选题的认知或多或少是浅显的，甚至是错误的，通过文献收集可以加深对调研选题的认知，为后续其他工作打基础。

10.2.2 现场访谈

现场访谈要遵循提问的黄金法则，提问时只涉及自己想知道的东西，不要涉及其他无关紧要的东西，这一点是很重要的。在设计问题时，要遵循好问题的一般性特征，规避提问忌讳，同时注意现场访谈的要领。

(1) 好问题的特征。好的问题给人精准、明确、易懂的感觉，最重要的是好的问题能带来信息真实、内容丰富、有深度的答案。

① 好的问题是建立在查找大量资料知己知彼基础上的。所有工作都要先把功课做足，问题设计也一样，确定了采访对象或采访事件后，需要进行背景研究，查找相关主题资料，查看类似主题优秀文章写作思路和风格等。

② 好的问题是围绕中心、层层推进、一环扣一环的。现场访谈的问题逻辑之间是彼此联系的，否则得到的问题将是零乱纷杂的。对于经验不足的"小白"，可以参考美国内华达新闻学教授拉鲁·吉尔兰德推出的设计问题的辅助公式——GOSS，即但凡制造新闻事件的个人和组织总是出于某种目的和目标（Goal），并且总是面临或即将面临实现其目标的障碍（Obstacle），新闻制造者已经找到或者正在寻找某种避开障碍的解决办法（Solution），然后再返回目标，追问这一目标是在什么时候由什么人的意见而开始的（Start）。但要知道公式只是设计问题的辅助公式，而非万能的。

③ 好的问题只在一个维度上要求得到一个确切答案。不要问"双管"问题，不然采访者没有办法回答，或者即使回答了，也不能准确给出态度评定，不利于后期资料整理。

④ 好的问题要从不同对象、不同角度展开设计。考虑到不同角色的采访对象看待问题的角度不同，在高校校园里，针对同一现象，应该尽可能从学生、老师、管理人员等多个角色展开访谈。

(2) 现场访谈问题相对而言是开放的，在设计问题的时候尽可能多询问采访对象对某件事的过程、印象、感觉、原因等。在设计问题的时候要注意回避以下禁忌：

① 忌模棱两可的问题。模棱两可的问题可能造成因采访对象成长经历、

专业背景等不同，而对问题的意思理解不同，最终影响采访的准确度。

② 忌是非选项的问题。现场访谈问题不同于问卷调研问题设计，现场访谈问题相对开放些，开放性问题能够引导采访对象深度思考，从而使采访者得到足够多的信息。

③ 忌使用专业术语。说访谈对象容易理解的话，不要讲那些听不懂、不熟悉的话。如果实在需要提问，要在现场做好解释或现场演示。

（3）现场访谈要领。

① 选择安静环境，注意言行文明，尊重友好真诚，衣着干净正式。

② 开头要铺垫（寒暄、闲聊），简单问题放在前面，深度思考问题放在后面。

③ 开放性问题要注意多准备追问问题。

10.2.3 问卷调查

问卷是社会研究中用来收集资料的一种工具，即为了收集人们对某个特定问题的态度、价值观、观点或信念等信息而设计的一系列问题。一份完整的问卷包括标题、引言或前言、主体、结语，具体构成和设计技巧如表10.1所示。

表10.1 调查问卷结构构成及设计技巧

名称	设计技巧
问卷标题	明确研究内容、研究主题
问卷引言	清晰地陈述"你是谁"、研究目的、意义、填写要求、承诺以及感谢等
设计问题注意事项	1. 行为、事实、知识、态度、状态类等问题更加有效 2. 在含糊的语境下，为避免歧义，采取"您，您本人"的问法更有帮助 3. 让每一个问题尽可能具体、明确，避免含糊、双重问题 4. 使用无威胁性的问题，不使用有引导或诱导性的描述 5. 对所问的问题选择合适的时间范围 6. 选项要尽可能涵盖所有可能的回答，且为互斥 7. 控制问题的长度，微调研问题数控制尽量在12~18个为宜
结语	再次致谢

1. 问卷设计原则

要设计一份比较好的问卷，必须遵循以下原则：

（1）思考透彻所研究的问题，否则不要设计具体问题。

（2）随时记录下你的研究问题，以便设计时参考。

（3）设计问题时，要经常反问自己"我为什么要问这个问题"。

（4）设计问题时，要考虑问卷的使用方式和分析方式。

2. 设计问卷前的准备工作

在设计问卷前，还需要做以下准备：

（1）文献收集，设计问题。使用或借鉴现有类似主题调查的问题和量表，然后根据调研主题和调研对象尽可能多地罗列新问题。

（2）精简问题，设计选项。把一些意思相似的问题合并，精简为一道题，选项要尽可能包含所有可能结果，一般2~5个选项较好。

（3）排列顺序，确定格式。把问题按一定的逻辑顺序排列，确定问卷的格式，对可能预先编码的回答选项做预编码。

（4）测试问卷，征求意见。对问卷进行前测性访谈，选择与总体特征相似的小样本（20~50人）做试测，删去无法对回答人员做出区别或无法提供研究需要的专门信息的问题。征求同学、同事、同行意见，对所发现的问题作相应的修订；修订那些可能存在困难的问题，如果修订量很大，需要再次进行试调查。任何问卷最终都必须再进行检验和进一步修改。

3. 问卷设计的常见错误

在刚开始设计问卷的时候，容易跳进一些"坑"中，提前熟悉这些"坑"，可以帮助我们规避它们。

（1）贪大求全。有些同学在设计问题时，想通过一张问卷把所有问题解决，这在实践层面和理论层面都是很难做到的，由于我们对问题的认知是逐渐深入的，需要大家耐住性子，"剥丝抽茧"般层层推进。

（2）"大杂烩"。"大杂烩"在某些区域可能是一道美食，而在问卷设计中，是常犯的错误。由于在设计问卷的时候，工作小组常采用分工的形式，由各个成员分别草拟，然后再合拼在一起。如果在分工前，没有认真梳理其中的逻辑，没有统一问卷设计风格，很可能会烧成一道"大杂烩"，从而得不到想要的答案。

（3）"模糊"词汇。有些词汇本身就容易引起误解，或者不同的人对其有不同的理解，如许多、大多数、很多（少）、少（多）量、绝大多数、很多比例、数目可观、经常、有时、偶尔等，在使用时要特别小心。

10.3　调研数据分析展示可视化

在分析问卷调研结果时，需要做到数据可视化，数据可视化最常用的方法就是统计图，好的统计图要满足两个层面，先做"实力派"（准确、有效），再做"偶像派"（简洁、美观）。一个完整的统计图至少包括以下要求：

（1）图的标题，一般在图的下方。

（2）图的标号，如柱状图横轴和纵轴要标清意义、单位等。

（3）统一字符，中英文不要混杂使用。

（4）图的颜色，要注意颜色的搭配，尽可能选择同一色系的不同颜色。

（5）图的比例，要相对协调。

10.3.1　柱状图：展示离散型数据

柱状图是最简单也是最常用的统计图，适用于离散型数据，每根柱子代表一个类别，柱子的高度代表这个类别的频数。图10.1反映的是某高校不同年级志愿者人数柱状图。

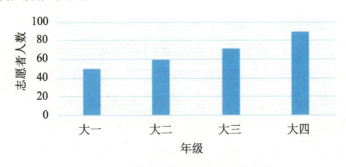

图10.1　某高校不同年级志愿者人数

在使用柱状图的时候要注意以下两点：

（1）柱子的数目最好不要超过10根，否则会影响美观。

（2）尽可能按照柱子从低到高或从高到低的顺序排列。

10.3.2　堆积柱状图：展示多个离散型变量

堆积柱状图是一种复杂的柱状图，相对柱状图而言，其适用于两个及以上离散型变量。图10.2反映的是某高校不同年级志愿者男女人数对比堆积柱状图。

图10.2　某高校不同年级志愿者男女人数对比

在使用堆积柱状图的时候要注意：

（1）堆积柱状图可以展示一个离散型变量和一个连续型变量，甚至两个及以上连续型变量，前提是将连续型变量离散化，比如将年龄分成若干离散区间。

（2）堆积柱状图还有其他的用途，比如展示某些常用的统计量、回归分析系统估计结果等。

10.3.3　饼图：展示频率数据

饼图是一种使用非常广泛的统计图，饼图和柱状图一样，都是针对离散型数据的统计图，柱状图多用于展示频数，饼图多用于展示频率或者比例。图10.3反映的是某高校不同年级志愿者人数占比饼图。

在使用饼图的时候要注意：

（1）当一个离散型数据只有两个取值时，信息量太少，不建议画饼图。

（2）离散型数据差别较大，不建议画饼图。不过可以进行改善：一是将比例不到5%的归为一类，叫作其他；二是通过复合饼图把占比特别小的区块用另外一个饼图放大出来。

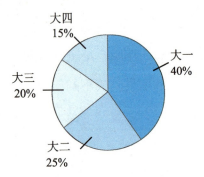

图10.3　某高校不同年级志愿者人数占比

10.3.4　折线图：时间序列统计图

折线图是一种主要适用于时间序列的统计图，时间序列数据的典型特征是带有时间标签，横轴是时间线，纵轴是某一指标取值（图10.4）。

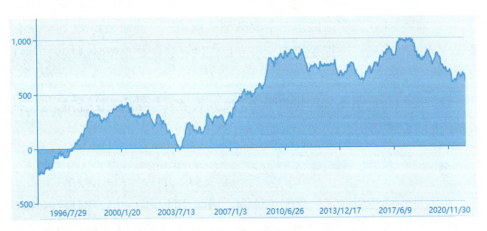

图10.4　时间折线图

通过折线图可以观察以下几点变化：

（1）指标变化趋势。观察指标随着时间的变化，呈现递增、增减或持平的走势。

(2)指标变化周期。观察指标的取值是否呈现一定的周期规律。

(3)突发事件预警。观察指标的取值是否因为某一事件的发生出现波峰或者波谷。

(4)对比指标变化。在一张图中呈现多条折线,对比观察不同指标的变化。

10.3.5 散点图:连续型变量统计图

散点图常用于展示两个(连续型)变量统计图,散点图中的每一个点都由横、纵两个坐标值组成,一般会呈现出正线性、负线性、非线性、不相关等关系。图10.5反映的是某高校思想政治工作考核结果与相应组织大学生第二课堂平均绩点回归图,可以看出两者呈现显著正相关关系。

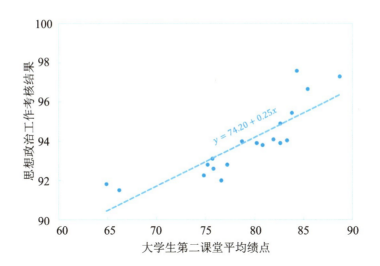

图10.5 思想政治工作考核结果与相应组织大学生第二课堂平均绩点回归图

在使用散点图的时候要注意以下四点:

(1)相关关系不等于因果关系。

(2)除了已知的两个变量,如果数据中还有其他的变量信息时,可以通过更改"点"的颜色、形状和大小来传递更多信息。

(3)在散点图上,要注意发现一些"异常"数据,并做好原因分析。

(4)数据中有多个连续型变量时,可以画两两散点图,形成散点图"矩阵"。

10.3.6 箱线图:连续型变量统计图

箱线图也叫箱须图、盒图,是一种反映连续型变量的统计图,主要用于反映原始数据分布的特征,还可以进行多组数据分布特征的比较。图10.6反映的是某班级学生不同科目成绩分布。

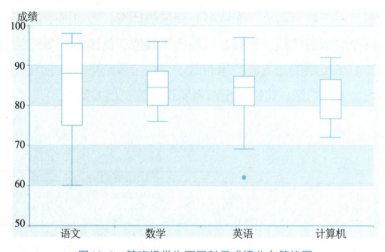

图10.6 某班级学生不同科目成绩分布箱线图

在使用箱线图的时候,要注意以下四点:

(1)箱子中间的一条线,表示数据的中位数,指居于中间位置的数,反映的是样本数据的平均水平。

(2)箱子的上下线,分别代表数据的上四分位数和下四分位数,意味着箱子包括的50%的数据,箱子的高度在一定程序上反映数据的波动程度,箱子越扁(短),说明数据越集中。

(3)箱子的上方和下方,各有一条线,分别代表最大值和最小值。有时候箱子外部会有一些点,可以理解为数据中的"异常值"。

(4)如果画出的箱线图被压得特别扁,甚至只有一条线,同时还有很多异常值,可以尝试做对数变换后再画箱线图。

10.3.7 雷达图：多变量数据组合统计图

雷达图适用于多指标数据的综合分析，雷达图由一组坐标轴和一组同心圆组构成，每个坐标轴代表一个指标，每个同心圆代表对应指标的水平或标准。图10.7反映的是某学生在德、智、体、美、劳五个方面的累计绩点与所在组织学生平均绩点的对比图。

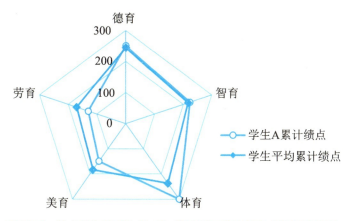

图10.7　某大学生德、智、体、美、劳"五育"成长经历大数据雷达图

在使用雷达图的时候，要注意以下两点：

（1）雷达图多用于数据的预警监控分析，尤其是在多指标分析中，可将指标与参照值一一比较综合分析，防止单一指标分析顾此失彼。

（2）雷达图可用于对照实际值与参考值之间的偏离程度，标准值设为1，实际对比值（实际值与参考值对比值）偏离1的程度可直观反映评价指标状况。

10.3.8 词云图：文本高频词展示图

词云图也叫文字云，一般用于从视觉上突出文本中出现频率较高的"关键词"，词云图能过滤掉大量的文本信息，使用户一眼就能明白文本主旨。图10.8反映的是不同类别第二课堂活动频次情况。

图 10.8　词云图

【福利贴：高校微调研问卷示例】

示例问卷一：高校新媒体平台运营满意度调研

亲爱的同学：您好！

我们是校团委新媒体应用研究发展中心，也是大家熟悉的"小葫芦家族"，您可以喊我"小葫芦"。为了解校团委新媒体平台在青年师生中的满意度，更好地发挥新媒体平台服务青年师生的作用，特设计本调查问卷，希望得到您的意见和建议。（请直接在对应空白处填写或直接在对应选项上打"√"）

第一部分　基本信息

(1) 您所在的校区：

A. 屯溪路校区　　　　B. 翡翠湖校区　　　　C. 宣城校区

(2) 您所在的学院：＿＿＿＿＿＿＿

(3) 您的年级：20＿＿＿＿＿级

(4) 您的学历：

A. 本科　　B. 硕士研究生　　C. 博士研究生

(5) 您的性别:

A. 男　　　B. 女

第二部分　校团委新媒体平台满意度调研

(6) 您平时经常使用哪些新媒体/社交平台？（可多选）

A. 新浪微博　　B. 微信　　　C. 抖音　　D. 知乎

E. QQ空间　　　F. 百度贴吧　G. B站　　　H. 其他_____

(7) 您关注了"××大学团委"的哪些新媒体平台？（可多选）

A. 新浪微博　　B. 微信　　　C. 抖音　　D. QQ空间

(8) 您对"××大学团委"新媒体平台的满意度情况？（没关注可不填写）

平台类型	非常不满意	不满意	无所谓	满意	非常满意
微信					
微博					
QQ空间					
抖音					

(9) 您最希望校团委新媒体平台推送什么类型的内容？（可多选）

A. 思想引领类　B. 学校发展类　C. 团学动态类　D. 网络热点类

E. 信息服务类　F. 权益维护类　G. 校园文化类　H. 锐评曝光类

I. 调研分析类　J. 采访报道类　K. 舆情引导类　L. 传统文化类

M. 重要节日类　N. 其他_____

(10) 您希望校团委新媒体平台以什么形式推送您喜欢的内容？（可多选）

A. 文字类　B. 图文类　C. 图解或漫画或图片类　D. 音频类　E. 视频类

F. 其他_____

(11) 您喜欢校团委微信平台功能菜单开发的哪些功能？（可多选）

A. 第二课堂成绩单

B. 收听×大

C. 校园应用（成绩查询、在线报修、教室查询、讲座查询、课表查询、校园查询、校历查询、信息门户等）

D. 权益手册

E. 您的建议_____

(12) 遇到自己不能解决的问题时，您会选择@校团委新媒体平台反映解决吗？

A. 会　　　B. 不会　　　C. 无所谓

(13) 对于校团委新媒体平台每天解决的粉丝提问，并对解决动态及时公示（隐藏隐私信息）是否支持？

A. 支持　　B. 不支持　　C. 无所谓

(14) 对于新媒体平台网络投票的态度？

A. 支持　　B. 不支持　　C. 无所谓

(15) 您能接受何种类型的网络投票？

A. 网络投票占评奖成绩50%左右　　B. 网络投票占评奖成绩20%左右

C. 网络投票不计入评奖成绩　　　D. 仅通过网络投票投出"最佳人气奖"

E. 其他_____

(16) 您喜欢校团委新媒体平台开发设计的哪些周边文化产品？

A. 校园卡套　B. 形象公仔玩偶　C. 形象公仔抱枕　D. 雨伞　E. 书签

F. 明信片　　G. 水杯　　　H. mimi书包　　　I. 台历

J. 其他_____

感谢您填写我们的问卷，我们将继续努力服务大家，谢谢您的支持和喜爱。

示例问卷二：大学生对公共场合"秀恩爱"尺度接受度调研

亲爱的同学：您好！

　　我们是校团委新媒体应用研究发展中心，也是大家熟悉的"小葫芦家族"，您可以喊我"小葫芦"。都说大学爱情让人向往，在高校校园公共场合"秀恩爱"现象十分常见，他们并排行走，或挽手散步，或紧紧拥抱，或直接亲亲，或上下其手……有人向往，有人唾弃。为了了解青年学生对公共场合"秀恩爱"尺度接受度，更好地营造校园文明环境，特设计本调查问卷，希望得到您的意见和建议（请直接在对应空白处填写或直接在对应选项上打"√"）。

第一部分　基本信息

(1) 您的性别是（　　）？

A. 帅哥　　B. 美女

(2) 您的情感状态？

A. 单身汪　　B. 暗恋中　　C. 热恋期

(3) 您的年级是（　　）？

A. 大一　　B. 大二　　C. 大三　　D. 大四　　E. 硕士

F. 博士　　G. 其他_____

(4) 您在大学期间有过几段恋爱经历？

A. 一次都没有　　B. 一次　　C. 两次　　D. 三次　　E. 三次以上

第二部分　公共场合"秀恩爱"尺度接受度调研

(5) 在这些公共场合，您能接受何种"秀恩爱"尺度？（可多选）

场合	言词亲密	并排行走	挽手牵手	搂肩	抱腰	喂饭	相拥紧抱	打啵	上下其手
食堂									
宿舍楼前									
上课教室									
图书馆									
自习室									
校园路上									
校园风景									
公共网络（影像）									

（6）您是否有过公共场合"秀恩爱"经历？

A. 骨灰级"秀恩爱"　　　　　B. 经常撒狗粮

C. 偶尔情不自禁　　　　　　D. 从来没有

（7）您觉得公共场合过度"秀恩爱"对校园环境是否有影响？

A. 是，影响恶劣　　　　　　B. 是，影响不好

C. 否，他们开心就好　　　　D. 否，甚至值得鼓励

（8）您总体觉得公共场合过度"秀恩爱"对您个人的大学生活是否有影响？

A. 影响极大　　B. 有一定影响　　C. 几乎没有影响　　D. 没有任何影响

（9）您目睹公共场合过度"秀恩爱"的内心感受？（可多选）

A. 心痛　　B. 怨恨　　C. 嫉妒　　D. 恶心

E. 寂寞　　F. 羡慕　　G. 温馨　　H. 无感

（10）您面对公共场合过度"秀恩爱"现象，一般会怎么样？（可多选）

A. 视而不见　　　B. 主动避让　　　　　　C. 破坏气氛

D. 鄙视　　　　　E. 手机录像上传网络曝光　　F. 祝福

（11）您觉得大学生情侣为什么会在公共场合"秀恩爱"？（可多选）

A. 证明自己的爱情　　　　　B. 感觉不是在"秀"，自己控制不住

C. 炫耀自己脱单　　　　　　D. 侧面表达爱意

（12）您觉得学校应该怎么加强管理，合理引导学生公共场合"秀恩爱"？

_____

_____

_____

_____

感谢您填写我们的问卷，我们将继续努力服务大家，谢谢您的支持和喜爱。

示例问卷三:大学生对"占座"现象态度调研

亲爱的同学:您好!

我们是校团委新媒体应用研究发展中心,也是大家熟悉的"小葫芦家族",您可以喊我"小葫芦"。大学中霸座占座现象屡上热搜,甚至激起学生矛盾。为了解您对大学中霸座占座现象的态度,倾听您的内心感受,特设计本调查问卷,希望得到您的意见和建议(请直接在对应空白处填写或直接在对应选项上打"√")。

第一部分　基本信息

(1) 您的性别是(　　)?

A. 帅哥　　B. 美女

(2) 您的年级是(　　)?

A. 大一　　B. 大二　　C. 大三　　D. 大四　　E. 硕士
F. 博士　　G. 其他_____

(3) 您的专业类型?

A. 文科类　B. 理科类　C. 工科类　D. 体艺类　E. 其他_____

(4) 您的班上成绩排名?

A. 靠前　　B. 中等　　C. 靠后

第二部分　　对"占座"现象态度调研

(5) 您是否在学校里占过座?

A. 从不　　B. 很少　　C. 有时　　D. 通常或经常　　E. 总是

(6) 您觉得同学们是出于什么原因帮别人占座的?

A. 同学要求,无法拒绝　　　　　　　　B. 别人都占,不占白不占

C. 同学互相帮助,下次别人也可以帮我占　D. 情侣占座

E. 其他_____

(7) 您是否经常在学校里遇到占座现象?

A. 从不　　B. 很少　　C. 有时　　D. 通常或经常　　E. 总是

(8) 您发现占座现象主要出现在哪些地方？（多选）

A. 上课教室　B. 考研教室　C. 图书馆　D. 食堂　E. 其他_____

(9) 您遇到的占座方式有哪些？（多选）

A. 贴标签　　　B. 放物品　　C. 在桌子上写字　　D. 同学帮忙看着

E. 同学有偿占座　　F. 其它_____

(10) 您能接受的占座方式有哪些？（多选）

A. 贴标签　　　B. 放物品　　C. 在桌子上写字　　D. 同学帮忙看着

E. 同学有偿占座　　F. 其他_____

(11) 您能接受他人一下子占几个座？

A. 单人占单座　　B. 单人占双座　　C. 单人占三座　　D. 单人占多座

(12) 您能接受他人占座空着多长时间？

A. 10分钟以内　　B. 20分钟以内　　C. 30分钟以内

D. 1小时以内　　E. 2小时以内

(13) 碰到占座现象，您一般会怎么做？

A. 另找他座　　　B. 无视占座，直接坐上去　　C. 说道理劝解

D. 对其斥责鄙视　E. 其他_____

(14) 如果有人坐了您占的座位，您会怎么做？

A. 另找他座

B. 在旁边等着或过段时间再来

C. 找管理人员调节

D. 礼貌地说明有人占座了

E. 十分强硬让其离开

G. 其他_____

15. 您觉得占座会带来哪些问题？（多选）

A. 浪费学校资源　B. 滋生同学矛盾　C. 破坏学校设施

D. 影响学校文化　E. 制造不良风气　F. 影响学生成长

G. 其他_____

(16) 您觉得产生占座现象的原因有哪些？（多选）

A. 座位稀缺　B. 优质座位稀缺　C. 从众心理　D. 习惯行为

E. 其他_____

(17) 您对占座的态度？

A. 理解并支持　　　　B. 理解但不支持　　　　C. 不理解但支持

D. 不理解且不支持　　E. 不支持也不反对（无所谓）

(18) 如果学校强制不准占座，您认为合理吗？

A. 理解并支持　　　　B. 理解但不支持　　　　C. 不理解但支持

D. 不理解且不支持　　E. 不支持也不反对（无所谓）

(19) 您认为学校应该采取哪些措施，改善占座现象？（多选）

A. 完善基础设施　　　B. 制度严禁占座　　　C. 信息技术管理

D. 强化宣传教育　　　E. 安排人员监管　　　F. 开设曝光平台

感谢您填写我们的问卷，我们将继续努力服务大家，谢谢您的支持和喜爱。

附录1　网络文化作品选编

网络，请放开那些学僧[①]

白岩松在《用理想和现实谈谈青春》中，用这么一段话来描述从喝完酒后做什么事情来判断是哪一代人，他说："'60后'，留在原地喝茶聊天；'70后'，唱卡拉OK；'80后'，去夜店；'90后''00后'，十几个人坐一起，没人说话，都在拿手机跟别人聊天。事实的确如此，现在的孩子在一起吃饭不会聊天，他们会把食物图片发到社交网络平台上，很讽刺的是，他们会互相评论、在网上聊起来，即使他们就坐在一起。"

网络对于当代学生的影响，已经超乎你的想象。玩游戏在网吧暴毙、因为家长阻止其上网而将家长杀死、将游戏场景转移到现实中去杀人、翘课将自己反锁在宿舍也要上网……一系列的新闻似乎是奇闻异事似的出现在人们的视野里，让我们不禁想问，网络到底把现在的学生怎么了？

让我们一起来看看现在大学生每天的生活。早上被手机闹铃叫醒，然后第一件事就是拿起手机，看看有没有短信、微信、电话，接着挂上QQ，打开微博，看看新鲜事，看看有没有"与我相关"，打开微信，刷刷朋友圈，看看有没有新消息，然后放下手机，起床；上课时，每隔10分钟左右便会拿起手机，或许看看时间，或许玩一下游戏，或许回一下信息，或许刷一下QQ空间、微博或微信；这时若有一个同学吐槽了这节课，大家就会利用这个机会聊起来；吃饭时，右手扒着饭，左手拿着手机，滑着屏幕，眼睛左右徘徊，这一幕是那么常见；晚自习时，耳朵里塞着耳机，时不时拿起手机，手指动

[①] 本文系笔者于2012年在全国高校优秀辅导员博客网络评选中获得优秀博文奖作品，有修改。

几下，嘴角笑一下，断断续续地看着书；晚上回到宿舍，第一件事就是打开电脑，然后挂着一切可以聊天的软件：QQ、微博、微信……然后点开游戏，"杀"得天昏地暗。直到熄灯，还可以看见电脑的屏幕一直亮着。也许累了，也许夜深了，也许没人了，也许明天还有课，所以关了电脑，洗漱完毕，躺在床上。每天的最后一件事，打开手机，看看有没有短信、微信、电话，接着挂上QQ，打开微博，看看新鲜事，看看有没有"与我相关"，然后放下手机，睡觉……

手机、电脑，现在已经完完全全成为当今大学生生活中不可或缺的一部分。你会发现，你的隐私越来越少，一段视频、一张照片，或者一句话，只要有人发到网上去，很快你身边的人就知道你在干什么，大家会在网上议论纷纷。你会发现，现实生活中的聊天减少了，大家都在看手机或者敲着键盘，有什么话似乎更愿意在微信上@你一下，电话打得越来越少了。你会发现，游戏比现实要简单得多，更喜欢在游戏中找到自我的价值；无论什么时候，开了电脑，就有玩游戏的想法。你会发现，网络用语以及网络里的一切都会被搬到现实中去，你越来越分不清它们的界限。你甚至发现，你越来越离不开它。你有没有想过，是它丰富了你的生活，还是你被它束缚了？你本可以利用它，却在不知不觉中掉进了它的"网"里。究竟是你拥有它，还是它在左右你？

网络，俨然成为了大学生活的一部分。它的存在，理应有美好的一面。你丢了东西，在网上吼一声，可以很快找到；你需要什么资料，敲几个字，摁一下Enter键，豁然开朗；你想见远在千里之外的父母和朋友，调整一下摄像头，随即面对面交流；你想看新闻，打开电脑，世界便触手可及。网络的出现，给大学生带来的应该是一个全新的世界，应该是一个积极向上的世界，应该是一个对现实生活给予帮助的世界。它应该是你的助手，不应该是你的主人；它应该是你的工具，不应该是你的牢笼。所以给当今大学生以下几点建议：

（1）计划你的大学生活，一份具体的作息时间表是不错的选择，合理安排学习、休息、上网的时间。

（2）明确上网的目的，取消对自己有百害而无一利的活动，要学会从网络中获得自己需要的东西，而不是无用甚至有害身心健康的东西。

（3）充实你的大学生活，积极参加社团和班级的活动会让你变得忙碌，会让你变得充实，让你收获很多。

（4）图书馆是学习的天堂，静下来心来，阅读一本书，哪怕是一个下午，也是一份收获。

（5）走出去交朋友，真心对待别人，用心经营自己的友情。

（6）经常去户外运动，呼吸新鲜的空气，感受运动的气息。

同学们，网络只是方便我们沟通、增大信息量的一种工具，不要让网络束缚了自己，莫成为网络的"棋子"。

新媒体环境下的大学生要"走心"①

周游各地不忘时刻上传精心包装的人与风景，断断续续的语音在指尖上滑行，舌尖上的中国压缩成视觉上的冲动，取个快递就是一场说走就走的旅行……在新媒体时代，这是每个用户再简单普通不过的日常生活。诚然，在新媒体环境中每一个用户都可以是发声者，在各种平台上你可以找工作、结好友、享心情、促沟通，网络在带给大家带来信息订制、信息交流、信息分享、信息反馈等便利的同时，也给网络环境带来了很多不利影响。

当网络谣言如洪水猛兽呈指数型爆炸增长，当匿名的虚拟空间变成了肆无忌惮的垃圾场，当个人信息成了利欲熏心者的"鱼肉"，当越来越多的人被所谓的社群科技捆绑，作为网络用户的主力军，大学生更应该在新媒体环境下树立时代使命感、社会责任感、道德正义感，自觉抵制包括网络谣言在内的各类网络糟粕，携手营造一个清新、健康、积极向上的互联网共有家园，但与此同时，我们也看到大学生群体中存在的一些不足现象。

（1）跟风式的思考问题。在这个"水军"横行的时代，各种诉求的表达具有高度复杂性，校园内外各种信息的传播过程具有不对称性，一些谣言的

---

① 本文系笔者于2013年在全国高校优秀辅导员博客网络评选中获得优秀博文奖作品，有修改。

生成、传播具有复杂的现实原因，其中有些带有造谣者不可告人的私利色彩，有些则属于传谣者起哄、围观心态使然。在校大学生还没有进入社会，社会经验尚不丰富，思考问题、鉴别是非能力相对不足，因此很容易轻信网络谣言、传播谣言，渐渐成为网络推手的帮凶，扰乱网络环境。

（2）吐槽式的彰显个性。像食堂饭菜质量、宿舍装不装空调这类的校园事件，放在微信、微博上，就可能在各说各话的环境中持续发酵，往往也是同学们关注或吐槽的对象。因此，微信、微博后台留言是很多学校信息反馈、发现问题、解决问题的重要渠道。由于大学生自我意识在不断加强，在吐槽的过程中很多同学慢慢觉得新媒体是自媒体，都可以发声，每个人什么话都可以说，就变得异常随意，辱骂、中伤、诽谤、造谣，给整个新媒体环境和自身造成了不好的影响，殊不知在这样的网络环境下，每一句话就像公开的日记一样，成为他们的标签。所以个性张扬、自主意识加强的背后应该是文明、积极、健康的网络环境。

（3）挑刺式的关心时事。和平和发展仍然是当今时代的主题，西方反华势力亡我之心不死，希望通过网络新媒体制造分歧、暴乱，阻碍我国正常健康发展。面对复杂纷扰的信息，我们要理性爱国，都说"有志者，事竟成"，"有志"的同时也要"有智"，不要做始作俑者的提线木偶。所以，在新媒体环境中国家意识不可缺，要时刻警惕不法分子。"改革开放仍然是国家发展的主旋律"，国家变革才能有出路，因为变则通、通则久，不变革死路一条，但我们都知道"摸着石头过河"难免会犯错误，要充分对我们的道路自信、理论自信、制度自信、文化自信，坚持党的领导不动摇，国家才能踏上富强民主文明和谐美丽的彼岸，而不应因为部分个体错误否定一个集体。

在此，给同学们以下一些建议：

（1）多读书，拓视野。新媒体环境下碎片式的阅读，导致知识不成体系、逻辑混乱，甚至是非难辩，看似面"广"，却不系统深入，看似知"渊"，却狭隘片面，大学生作为年轻的知识群体、祖国之栋梁、国家之希望，更应该安排更多的时间去阅读一些大家的名篇名著，建立健全自己的知识体系、逻辑能力和理想信仰。

（2）多实践，长实干。电影《后会无期》中的经典对白"听过很多道理，依然过不好这一生"，透露出对生活的无奈和消极。殊不知，实践出真知，这些道理总是要经过实践方能深刻体会到，不是随便听听就"过好了"，笔者认为经历更多生活，定能感悟更多道理，增长更多才干，在实干的过程中，自身的价值也得到体现。

（3）多运动，强体魄。身体不但是革命的本钱，同时也是我们正常生活的保障。在新媒体时代，大学生长期面对电脑、手机屏幕，导致视力下降，出现"鼠标手"、颈椎疾病、腰肌腰椎疾病等疾病，大学生熬夜上网猝死现象已屡见不鲜。给别人你的爱，而不是你的"赞"，抬起头离开电脑、手机屏幕，你会发现新的世界和真正的生活。

所有的现象最终都会归于平凡，所有的"新"最终都会归为"旧"，劝诫新媒体环境下的大学生要"走心"，相信新媒体经过时间的检验也最终会回归到它正确的社交媒体属性，大学生应该走出网络，走出宿舍，走向操场，走向图书馆，用行动践行社会主义核心价值观。

"小葫芦"网络文化工作室建设经验分享[①]

一、案例主题和思路

经过多年的探索与实践，小葫芦网络文化工作室（合肥工业大学校团委新媒体中心）形成以"构建清朗网络，凝聚青年力量"为理念，以新媒体思想引领、团队建设、权益维护、舆情引导、产品开发"五位一体"的工作布局和集新媒体思想引领时间轴、第二课堂成绩单、新媒体培训班、新媒体文化节、《青年动态》舆情简报"五项工程"的特色工作，探索实现宣传网、组织网、活动网、服务网、工作网"五网合一"的网络思想引领新格局。

---

① 本文系作者在教育部第三届全国高校网络教育优秀作品推选展示活动中获得二等奖作品。

二、 实施方法和过程

1. 以思想引领为核心,提升育人实效,做好青年"主心骨"

(1)开展"大学习"。聚焦学习宣传贯彻习近平新时代中国特色社会主义思想和党的十九大精神这一主线,充分运用新媒体新技术宣传解读十九大精神,重点建设"聚焦十九大"微信专栏,先后开发设计微视频《十九大 再出发》、说唱快板《十九大 青年说》、系列漫画《青春逢盛世,奋斗正当时》等一批内涵丰富、形式活泼、语言生动,深受青年人喜爱的作品,累计阅读量超过8万,切实做到了把十九大精神讲清楚、说明白、能领会,受到了中国大学生在线、团中央学校部、中国青年报等多家平台报道。

(2)进行"微调研"。不定期开展青年学生对于网络热点、校园热点事件态度调研,根据调研结果形成网络文章,通过大多数青年学生主流的、积极的、健康的观点引导部分片面的、消极的、极端的观点,培育和践行社会主义核心价值观,提高学生思想觉悟、道德水准、文明素养。如围绕高校大学生占座态度、公共场合情侣秀恩爱接受度、高校大学生一天时间分配情况等主题进行调研,引发青年学生强烈共鸣,得到了青年学生的点赞和支持。

(3)用好"时间轴"。基于高校宣传工作具有"周期性"等规律,以节日时间轴为主要脉络,以高校特定固有热点为枝干,以爆点话题产品为补充,构建新媒体思想引领时间轴,形成优秀选题智库并持续迭代优化,有效解决高校"选题瓶颈"问题,广泛传播正能量,引导青年学生树立正确的世界观、人生观、价值观。

2. 以团队建设为基础,提升组织活力,当好校媒"排头兵"

(1)把团支部建立在网络文化工作室上。通过建立支部,严格贯彻"三会两制一课"制度,系统整理十八大以来习近平总书记关于宣传思想工作的重要论述并进行再学习、再研讨,推进党的宣传理论思想入脑入心,把牢思想总开关,努力培养信仰坚定、素质过硬、作风严实的新媒体运营团队。

(2)探索形成适合新媒体工作的组织架构。实行"三位一体"组织架构。为继续充分发挥学生组织"明辈"主体作用,在日常事务管理上实行

"金字塔"式组织架构；为适应新媒体工作及时性强的特点，缩短决策半径，提高运营效率，在新媒体业务管理上采用"扁平式"组织架构；为加强与各学院、班级新媒体平台的联系，建立校、院、班三级网络组织构架体系。共同发声，形成合力，做大做强正面宣传。

（3）开发新媒体课程，开设新媒体培训班。为提高学校学生组织新媒体运营团队技术水平，缩短新媒体"小白"实习上岗周期，工作室系统整理了新理论学习、新形势分析、新媒体运营、新技术应用，网络安全、网络素养等内容，开发了《新媒体运营技巧之降龙十八掌》《网络安全素养之六脉神剑》等10套课程（附表1.1），开设新媒体培训班，形成了"搭建团队—集体备课—课堂施教—课后作业—学生评价—查漏完善"的培训体系，每年培训学员400人左右，反响热烈，学生平均满意率达85.56%。

附表1.1　小葫芦网络文化工作室开设的新媒体培训班课程内容简表

序号	课程名称	培训内容
1	互联网时代，你是天才，还是疯子？	互联网的发展历史、互联网时代的信息传播特点等
2	捕光逐影 定格精彩瞬间	摄影技术、图片处理、摄影构图与意识、手机摄影等
3	光影片段 记录身边百态	视频拍摄技巧与手法、视频处理软件、拍摄流程等
4	排图布字 塑造美丽心灵	微信排版文字、配图、行间距、标点、配色、互动等
5	新媒体运营思维之"独孤九剑"	9种新媒体运营思维，转变传统媒介运营思维方式
6	新媒体运营技巧之"降龙十八掌"	18招新媒体运营技巧，从此菜鸟变大神
7	网络安全素养之"六脉神剑"	识别网络谣言、保护网络隐私、远离网络诈骗、抵制校园网贷、拒绝网络暴力、适度网络游戏
8	破解微信"双题"大头痛难题	选题：新媒体时间轴、创意选题、容易引爆的选题等 标题：优秀标题赏析、优秀标题特点、如何起标题
9	运营与管理：高校新媒体运营理论研究	高校新媒体运营理论研究、重要文件解读、领导人讲话相关内容解读
10	技巧与创意——新媒体网络产品开发	创意图片、海报制作、手绘图画、语音、视频制作、直播等新技术

3. 以服务青年为宗旨,提升平台信度,争做粉丝"暖心宝"

(1) 制作《青年之声 权益手册》。积极收集学生在各网络平台反馈咨询问题并回复,平均每年处理青年疑问1000余次,服务学校管理工作。根据线上粉丝咨询共性问题整理并制作《青年之声 权益手册》,内容基本覆盖学校青年学习、生活等各个方面,采用线上线下两种形式发放问卷,有效解决学生咨询的80%的问题,同时增强学生自主解决问题的能力。建立与学校相关部门的长效联系,及时反馈,持续跟进,直到解决,努力解决其他20%的咨询问题。

(2) 开发基于微信端"第二课堂成绩单"信息管理系统平台。充分借鉴"第一课堂"的内在机理和工作模式,结合工作实际,运用"互联网+"思维和大数据思维创新工作,自主设计开发基于微信端"第二课堂成绩单"平台,实现第二课堂课程项目体系科学化、记录评价体系多样化、数据管理体系智能化、工作运行体系系统化。自2016年实施以来,该平台共发布项目近2000项,生成学生数据10万余条,得到了广大青年学生的高度认同。学生自主打印的"第二课堂成绩单"已成为学生综合素质评价、学校人才培养评估、社会选人用人的重要依据。

4. 以清朗网络为理念,提升网络素养,弘扬主流"舆论场"

(1) 积极组建网络文明队伍。每年积极组建网络文明队伍30余人,密切关注线上舆情,积极疏导负面情绪,澄清误解和谣言。遵循网络传播的特点和规律,选取与青年息息相关的热点话题,通过采访、对比分析、锐评等方式,对话题舆情进行正确细致的分析,进行正确的社会舆论引导。

(2) 编写反映青年网络思想动态专报。进行团情、舆情、青年思想动态以及热点话题调研并不定期形成报告,编写团学动态、青年之声、线上热点、线下调研、舆情专报等为主体内容,反映青年网络思想的《青年动态》,重大舆情形成"专报",为学校引导舆论提供参考。同时协助各平台建立适合不同兴趣爱好人群的"信息超市",以供选择和转发,为正能量的传递和正面舆论场的形成建立"信息高速公路"。

5. 以产品开发为重点,提升粉丝粘性,释放青春"正能量"

(1) 推出有态度、有温度、有厚度、有力度的网络文化产品。开发《我的大学》小葫芦系列主题漫画,绘和谐校园,助青年成长;《青声犀语》《斛说》系列语音栏目,回应学生诉求,解答学生疑惑;"对不起"系列评论文章,直击消极现象,倡导核心价值观;《工大V视》系列视频栏目,访学生观点,讲青年故事;以纪念改革开放40周年为主题的《峥嵘时光》等大型原创歌曲MV,奏时代使命,诉青年心声,提高师生网络阅读的愉悦感和接受度。

(2) 走青年学生众智众创众评路线,打造校园新媒体文化节。每年举办"斛兵杯"新媒体文化节暨新媒体创意产品设计大赛,依托微视频、微设计、微创意、微传播等载体,横跨一学年,覆盖各阶段时事热点,弘扬主旋律,传播正能量,得到了全校同学的积极响应,每年吸引参赛同学近2000人,征集优秀新媒体创意产品500余件,涌现出了一批优秀正能量新媒体作品,获得师生广泛好评,已成为校园网络文化育人工作的重要品牌。

三、 主要成效和成绩

1. 频繁输出优秀网络运营人才

其中工作室彭冠锦同学曾在团中央学校部担任线上编辑,并被评为"优秀编辑",广受赞誉;吴润华同学当选安徽高校传媒联盟主席、中国高校传媒联盟执行主席,并得到了分管领导和兄弟高校学生代表的高度赞赏和充分肯定;李天宇同学创作了校园版《人民的名义》火爆网络,被10余家媒体采访报道。

2. 运营平台影响力稳步增强

工作室于2016年4月入选首批全国共青团新媒体运营中心特色类专业工作室建设单位,2018年荣获"全国学校共青团优秀新媒体专业工作室"称号并直接进入第二批全国学校共青团新媒体运营中心专业工作室建设单位名单,指导老师荣获"全国学校共青团新媒体工作先进个人"荣誉称号;运营的微信平台曾荣登全国高校团委微信周排行榜第一名,并于2017年获全国高校新媒体"十佳原创内容奖",2018年获全国高校新媒体"十佳运营创新奖",多次受到专题报道,并数次在全国专题会议上作典型经验交流。

3. 师生认可度逐年提升

提高运营团队成员政治水平和业务水平的新媒体培训班每年培训学员400人左右,学生平均满意率达85.56%;基于微信端的"第二课堂成绩单"管理平台日平均活跃数超过2000,已成为师生日常生活、工作的重要工具;开发的系列漫画、语音、视频等网络产品,提高了师生网络阅读的愉悦感和接受度,产生广泛影响。总的来说,所运营新媒体平台已成为加强青年思想政治引领、丰富校园文化生活、主动回应学生诉求、维护学生合法权益、服务广大青年师生的重要平台。

附录2　宣传思想工作重要文件与资料节选

关于进一步加强和改进新形势下高校宣传思想工作的意见（节选）

——中共中央办公厅、国务院办公厅2015年1月发布

做好高校宣传思想工作，加强高校意识形态阵地建设，是一项战略工程、固本工程、铸魂工程，事关党对高校的领导，事关全面贯彻党的教育方针，事关中国特色社会主义事业后继有人，对于巩固马克思主义在意识形态领域的指导地位，巩固全党全国人民团结奋斗的共同思想基础，具有十分重要而深远的意义。

《意见》分七个部分：一、加强和改进高校宣传思想工作是一项重大而紧迫的战略任务；二、指导思想、基本原则和主要任务；三、切实推动中国特色社会主义理论体系进教材进课堂进头脑；四、大力提高高校教师队伍思想政治素质；五、不断壮大高校主流思想舆论；六、着力加强高校宣传思想阵地管理；七、切实加强党对高校宣传思想工作的领导。

《意见》指出，加强和改进新形势下高校宣传思想工作的基本原则是：(1) 坚持党性原则、强化责任。切实担负起政治责任和领导责任，提高领导水平，增强驾驭能力，敢抓敢管、敢于亮剑，做到守土有责、守土负责、守土尽责。(2) 坚持育人为本、德育为先。把坚定理想信念放在首位，始终坚持用中国特色社会主义理论体系武装师生头脑，确保社会主义办学方向。(3) 坚持标本兼治、重在建设。强化依法管理，着力加强制度建设，把高校建设成为学习研究宣传马克思主义的坚强阵地。(4) 坚持改革创新、注重实

效。准确把握师生思想状况，创新工作理念和方式方法，把解决思想问题与解决实际问题结合起来，不断增强针对性实效性。（5）坚持齐抓共管、形成合力。推动校内外协同配合、全社会支持参与，构建高校宣传思想工作新格局。

要切实做好高校新闻宣传工作，完善新闻信息发布和新闻发言人制度，进一步改进高校新闻宣传的文风作风，建立高校、宣传部门、新闻媒体三方联动宣传机制，为高校改革发展营造良好舆论氛围。要创新网络思想政治教育，开展高校校园网络文化建设专项试点工作，大力推进校报校刊数字化建设，探索建立优秀网络文章在科研成果统计、职务职称评聘方面的认定机制，着力培育一批导向正确、影响力广的网络名师，立足校园网站建设开办一批贴近师生学习生活的网络名站名栏，建设一支由学生和青年教师骨干组成的网络宣传员队伍，打造示范性思想理论教育资源网站、学生主题教育网站和网络互动社区，推进辅导员博客、思想政治理论课教师博客、校务微博、校园微信公众账号等网络新媒体建设。

构建高校宣传思想工作大格局，各级党委和政府要从战略和全局的高度，充分认识加强和改进高校宣传思想工作的极端重要性和现实紧迫性，把这项工作始终摆在重要位置，切实加强领导。

关于规范网络转载版权秩序的通知

——国家版权局办公厅2015年4月17日发布

为贯彻落实中共中央办公厅、国务院办公厅印发的《关于推动传统媒体和新兴媒体融合发展的指导意见》，鼓励报刊单位和互联网媒体合法、诚信经营，推动建立健全版权合作机制，规范网络转载版权秩序，根据《中华人民共和国著作权法》、《中华人民共和国著作权法实施条例》、《信息网络传播权保护条例》有关规定，现就规范网络转载版权秩序有关事项通知如下：

一、互联网媒体转载他人作品，应当遵守著作权法律法规的相关规定，必须经过著作权人许可并支付报酬，并应当指明作者姓名、作品名称及作品来源。法律、法规另有规定的除外。

互联网媒体依照前款规定转载他人作品，不得侵犯著作权人依法享有的其他权益。

二、报刊单位之间相互转载已经刊登的作品，适用《著作权法》第三十三条第二款的规定，即作品刊登后，除著作权人声明不得转载、摘编的外，其他报刊可以转载或者作为文摘、资料刊登，但应当按照规定向著作权人支付报酬。

报刊单位与互联网媒体、互联网媒体之间相互转载已经发表的作品，不适用前款规定，应当经过著作权人许可并支付报酬。

三、互联网媒体转载他人作品，不得对作品内容进行实质性修改；对标题和内容做文字性修改和删节的，不得歪曲篡改标题和作品的原意。

四、《著作权法》第五条所称时事新闻，是指通过报纸、期刊、广播电台、电视台等媒体报道的单纯事实消息，该单纯事实消息不受著作权法保护。凡包含了著作权人独创性劳动的消息、通讯、特写、报道等作品均不属于单纯事实消息，互联网媒体进行转载时，必须经过著作权人许可并支付报酬。

五、报刊单位可以就通过约稿、投稿等方式获得的作品与著作权人订立许可使用合同，明确约定许可使用的权利种类、许可使用的权利是专有使用权或者非专有使用权、许可使用的地域范围和期间、付酬标准和办法、违约责任以及双方认为需要约定的其他内容。双方约定权利由报刊单位行使的，互联网媒体转载该作品，应当经过报刊单位许可并支付报酬。

六、报刊单位可以与其职工通过合同就职工为完成报刊单位工作任务所创作作品的著作权归属进行约定。合同约定著作权由报刊单位享有的，报刊单位可以通过发布版权声明的方式，明确报刊单位刊登作品的权属关系，互联网媒体转载此类作品，应当经过报刊单位许可并支付报酬。

七、报刊单位和互联网媒体应当建立健全本单位版权管理制度。建立本单位及本单位职工享有著作权的作品信息库，载明作品权属信息，对许可他人使用的作品应载明授权方式、授权期限等相关信息。建立经许可使用的他人作品信息库，载明权利来源、授权方式、授权期限等相关信息。

八、报刊单位与互联网媒体、互联网媒体之间应当通过签订版权许可协议等方式建立网络转载版权合作机制，加强对转载作品的版权审核，共同探索合理的授权价格体系，进一步完善作品的授权交易机制。

九、各级版权行政管理部门要加大对互联网媒体的版权监管力度，支持行业组织在推动版权保护、版权交易、自律维权等方面发挥积极作用，严厉打击未经许可转载、非法传播他人作品的侵权盗版行为。

国家网络空间安全战略（节选）

——国家互联网信息办公室2016年12月27日发布

文化繁荣的新载体。网络促进了文化交流和知识普及，释放了文化发展活力，推动了文化创新创造，丰富了人们精神文化生活，已经成为传播文化的新途径、提供公共文化服务的新手段。网络文化已成为文化建设的重要组成部分。

网络有害信息侵蚀文化安全。网络上各种思想文化相互激荡、交锋，优秀传统文化和主流价值观面临冲击。网络谣言、颓废文化和淫秽、暴力、迷信等违背社会主义核心价值观的有害信息侵蚀青少年身心健康，败坏社会风气，误导价值取向，危害文化安全。网上道德失范、诚信缺失现象频发，网络文明程度亟待提高。

网络空间机遇和挑战并存，机遇大于挑战。必须坚持积极利用、科学发展、依法管理、确保安全，坚决维护网络安全，最大限度利用网络空间发展潜力，更好惠及13亿多中国人民，造福全人类，坚定维护世界和平。

加强网上思想文化阵地建设，大力培育和践行社会主义核心价值观，实施网络内容建设工程，发展积极向上的网络文化，传播正能量，凝聚强大精神力量，营造良好网络氛围。鼓励拓展新业务、创作新产品，打造体现时代精神的网络文化品牌，不断提高网络文化产业规模水平。实施中华优秀文化网上传播工程，积极推动优秀传统文化和当代文化精品的数字化、网络化制作和传播。发挥互联网传播平台优势，推动中外优秀文化交流互鉴，让各国人民了解中华优秀文化，让中国人民了解各国优秀文化，共同推动网络文化繁荣发展，丰富人们精神世界，促进人类文明进步。

加强网络伦理、网络文明建设，发挥道德教化引导作用，用人类文明优秀成果滋养网络空间、修复网络生态。建设文明诚信的网络环境，倡导文明办网、文明上网，形成安全、文明、有序的信息传播秩序。坚决打击谣言、淫秽、暴力、迷信、邪教等违法有害信息在网络空间传播蔓延。提高青少年网络文明素养，加强对未成年人上网保护，通过政府、社会组织、社区、学校、家庭等方面的共同努力，为青少年健康成长创造良好的网络环境。

教育部办公厅关于规范校园评先选优网络投票活动的通知

——教育部办公厅2016年12月30日发布

近年来，随着网络信息技术的快速发展和广泛应用，部分地方和学校将网络人气投票作为开展各类评先选优活动的重要手段，广泛动员广大师生和家长通过微信朋友圈等网络平台拉票投票。类似活动在少数地方和高校呈现泛滥趋势，一定程度上分散了师生工作、学习精力，影响了学校正常教育教学秩序，不利于良好校风学风的养成。各地教育工作部门和各级各类学校要高度重视，综合施策，加强对教育系统举办相关校园网络投票活动的规范管理，切实维护积极健康、和谐安宁的校园环境。现将有关事项通知如下：

一、明确界定校园网络投票活动的内容范围。要深入研究校园评先选优网络投票活动适用的内容和范围，坚持正确价值导向，坚持"非必要不举办"的原则，按照相关活动是否具有法理依据、是否有利于学校事业发展、是否有利于学生健康成长的标准，完善政策、健全制度，加强对教育系统有关部门、单位、学生社团、个人开展类似活动的教育引导，抵制低俗化、娱乐化、商业化倾向。对于教育系统之外其他组织和个人针对在校师生所开展的类似活动，除有特别依据，如国家相关部门统一组织外，一般不倡导，不支持，不宣传。

二、切实加强校园网络投票活动的规范管理。要按照属地管理、谁主管谁负责和谁主办谁负责的基本原则，加强对校园评先选优网络投票活动的管理。坚持从严管理、宁缺勿滥，落实"一事一报"制度，明确管理部门和职责，把好"入口关"。坚持公平、公正、公开，强化过程管理和环节监控，保证程序正义和信息安全，防范网络风险，积极营造诚信友善、风清气正的校园氛围。

三、科学评估校园网络投票活动的结果应用。要研判评估网络投票对于校园评先选优的价值和影响，坚持"不唯票、只唯实"，综合运用材料审核、陈述答辩、专家评议等多种方式，全面客观的开展先进典型培养和选树。要积极发挥网络的传播优势和辐射功能，科学使用各类校园网络平台特别是"两微一端"，加强对先进事迹、典型人物、优秀案例的宣传推送，大力营造崇德向善、见贤思齐的良好氛围。

关于实施中华优秀传统文化传承发展工程的意见（节选）

——中共中央办公厅、国务院办公厅2017年1月印发

深入开展"我们的节日"主题活动，实施中国传统节日振兴工程，丰富春节、元宵、清明、端午、七夕、中秋、重阳等传统节日文化内涵，形成新的节日习俗。加强对传统历法、节气、生肖和饮食、医药等的研究阐释、活态利用，使其有益的文化价值深度嵌入百姓生活。

深入开展"爱我中华"主题教育活动，充分利用重大历史事件和中华历史名人纪念活动、国家公祭仪式、烈士纪念日，充分利用各类爱国主义教育

基地、历史遗迹等，展示爱国主义深刻内涵，培育爱国主义精神。加强国民礼仪教育。加大对国家重要礼仪的普及教育与宣传力度，在国家重大节庆活动中体现仪式感、庄重感、荣誉感，彰显中华传统礼仪文化的时代价值，树立文明古国、礼仪之邦的良好形象。研究提出承接传统习俗、符合现代文明要求的社会礼仪、服装服饰、文明用语规范，建立健全各类公共场所和网络公共空间的礼仪、礼节、礼貌规范，推动形成良好的言行举止和礼让宽容的社会风尚。把优秀传统文化思想理念体现在社会规范中，与制定市民公约、乡规民约、学生守则、行业规章、团体章程相结合。弘扬孝敬文化、慈善文化、诚信文化等，开展节俭养德全民行动和学雷锋志愿服务。广泛开展文明家庭创建活动，挖掘和整理家训、家书文化，用优良的家风家教培育青少年。挖掘和保护乡土文化资源，建设新乡贤文化，培育和扶持乡村文化骨干，提升乡土文化内涵，形成良性乡村文化生态，让子孙后代记得住乡愁。加强港澳台中华文化普及和交流，积极举办以中华文化为主题的青少年夏令营、冬令营以及诵读和书写中华经典等交流活动，鼓励港澳台艺术家参与国家在海外举办的感知中国、中国文化年（节）、欢乐春节等品牌活动，增强国家认同、民族认同、文化认同。

中长期青年发展规划（2016—2025年）（节选）

——中共中央 国务院2017年4月14日发布

强化网上思想引领。把互联网作为开展青年思想教育的重要阵地，团结、带动和壮大网上积极力量，大力开展正面宣传，实施"青年好声音"系列网络文化行动，增强网络正能量，消解网络负能量。提升网络舆情分析和引导能力，疏导青年情绪，澄清误解和谣言，引导青年形成正确认知。在青年群体中广泛开展网络素养教育，引导青年科学、依法、文明、理性用网。广泛开展青年网络文明志愿者行动，组织动员广大青年注册成为网络文明志愿者，参与监督和遏止网上各种违法和不良信息传播，为构建清朗网络空间做贡献。

互联网用户公众账号信息服务管理规定

——国家互联网信息办公室2017年9月7日发布

第一条 为规范互联网用户公众账号信息服务，维护国家安全和公共利益，保护公民、法人和其他组织的合法权益，根据《中华人民共和国网络安全法》《国务院关于授权国家互联网信息办公室负责互联网信息内容管理工作的通知》，制定本规定。

第二条 在中华人民共和国境内提供、使用互联网用户公众账号从事信息发布服务，应当遵守本规定。

本规定所称互联网用户公众账号信息服务，是指通过互联网站、应用程序等网络平台以注册用户公众账号形式，向社会公众发布文字、图片、音视频等信息的服务。

本规定所称互联网用户公众账号信息服务提供者，是指提供互联网用户公众账号注册使用服务的网络平台。本规定所称互联网用户公众账号信息服务使用者，是指注册使用或运营互联网用户公众账号提供信息发布服务的机构或个人。

第三条 国家互联网信息办公室负责全国互联网用户公众账号信息服务的监督管理执法工作，地方互联网信息办公室依据职责负责本行政区域内的互联网用户公众账号信息服务的监督管理执法工作。

第四条 互联网用户公众账号信息服务提供者和使用者，应当坚持正确导向，弘扬社会主义核心价值观，培育积极健康的网络文化，维护良好网络生态。

鼓励各级党政机关、企事业单位和人民团体注册使用互联网用户公众账号发布政务信息或公共服务信息，服务经济社会发展，满足公众信息需求。

互联网用户公众账号信息服务提供者应当配合党政机关、企事业单位和人民团体提升政务信息发布和公共服务水平，提供必要的技术支撑和信息安全保障。

第五条　互联网用户公众账号信息服务提供者应当落实信息内容安全管理主体责任，配备与服务规模相适应的专业人员和技术能力，设立总编辑等信息内容安全负责人岗位，建立健全用户注册、信息审核、应急处置、安全防护等管理制度。

互联网用户公众账号信息服务提供者应当制定和公开管理规则和平台公约，与使用者签订服务协议，明确双方权利义务。

第六条　互联网用户公众账号信息服务提供者应当按照"后台实名、前台自愿"的原则，对使用者进行基于组织机构代码、身份证件号码、移动电话号码等真实身份信息认证。使用者不提供真实身份信息的，不得为其提供信息发布服务。

互联网用户公众账号信息服务提供者应当建立互联网用户公众账号信息服务使用者信用等级管理体系，根据信用等级提供相应服务。

第七条　互联网用户公众账号信息服务提供者应当对使用者的账号信息、服务资质、服务范围等信息进行审核，分类加注标识，并向所在地省、自治区、直辖市互联网信息办公室分类备案。

互联网用户公众账号信息服务提供者应当根据用户公众账号的注册主体、发布内容、账号订阅数、文章阅读量等建立数据库，对互联网用户公众账号实行分级分类管理，制定具体管理制度并向国家或省、自治区、直辖市互联网信息办公室备案。

互联网用户公众账号信息服务提供者应当对同一主体在同一平台注册公众账号的数量合理设定上限；对同一主体在同一平台注册多个账号，或以集团、公司、联盟等形式运营多个账号的使用者，应要求其提供注册主体、业务范围、账号清单等基本信息，并向所在地省、自治区、直辖市互联网信息办公室备案。

第八条　依法取得互联网新闻信息采编发布资质的互联网新闻信息服务提供者，可以通过开设的用户公众账号采编发布新闻信息。

第九条　互联网用户公众账号信息服务提供者应当采取必要措施保护使

用者个人信息安全，不得泄露、篡改、毁损，不得非法出售或者非法向他人提供。

互联网用户公众账号信息服务提供者在使用者终止使用服务后，应当为其提供注销账号的服务。

第十条　互联网用户公众账号信息服务使用者应当履行信息发布和运营安全管理责任，遵守新闻信息管理、知识产权保护、网络安全保护等法律法规和国家有关规定，维护网络传播秩序。

第十一条　互联网用户公众账号信息服务使用者不得通过公众账号发布法律法规和国家有关规定禁止的信息内容。

互联网用户公众账号信息服务提供者应加强对本平台公众账号的监测管理，发现有发布、传播违法信息的，应当立即采取消除等处置措施，防止传播扩散，保存有关记录，并向有关主管部门报告。

第十二条　互联网用户公众账号信息服务提供者开发上线公众账号留言、跟帖、评论等互动功能，应当按有关规定进行安全评估。

互联网用户公众账号信息服务提供者应当按照分级分类管理原则，对使用者开设的用户公众账号的留言、跟帖、评论等进行监督管理，并向使用者提供管理权限，为其对互动环节实施管理提供支持。

互联网用户公众账号信息服务使用者应当对用户公众账号留言、跟帖、评论等互动环节进行实时管理。对管理不力、出现法律法规和国家有关规定禁止的信息内容的，互联网用户公众账号信息服务提供者应当依据用户协议限制或取消其留言、跟帖、评论等互动功能。

第十三条　互联网用户公众账号信息服务提供者应当对违反法律法规、服务协议和平台公约的互联网用户公众账号，依法依约采取警示整改、限制功能、暂停更新、关闭账号等处置措施，保存有关记录，并向有关主管部门报告。

互联网用户公众账号信息服务提供者应当建立黑名单管理制度，对违法违约情节严重的公众账号及注册主体纳入黑名单，视情采取关闭账号、禁止重新注册等措施，保存有关记录，并向有关主管部门报告。

第十四条　鼓励互联网行业组织指导推动互联网用户公众账号信息服务提供者、使用者制定行业公约，加强行业自律，履行社会责任。

鼓励互联网行业组织建立多方参与的权威专业调解机制，协调解决行业纠纷。

第十五条　互联网用户公众账号信息服务提供者和使用者应当接受社会公众、行业组织监督。

互联网用户公众账号信息服务提供者应当设置便捷举报入口，健全投诉举报渠道，完善恶意举报甄别、举报受理反馈等机制，及时公正处理投诉举报。国家和地方互联网信息办公室依据职责，对举报受理落实情况进行监督检查。

第十六条　互联网用户公众账号信息服务提供者和使用者应当配合有关主管部门依法进行的监督检查，并提供必要的技术支持和协助。

互联网用户公众账号信息服务提供者应当记录互联网用户公众账号信息服务使用者发布内容和日志信息，并按规定留存不少于六个月。

第十七条　互联网用户公众账号信息服务提供者和使用者违反本规定的，由有关部门依照相关法律法规处理。

第十八条　本规定自2017年10月8日起施行。

朝着建设网络强国目标不懈努力——习近平总书记引领推动网络强国战略综述（节选）

——人民日报发表于2017年12月2日

"网络空间不是'法外之地'""要坚持依法治网、依法办网、依法上网，让互联网在法治轨道上健康运行"。"互联网是人类的共同家园。让这个家园更美丽、更干净、更安全，是国际社会的共同责任"。

习近平总书记的网络强国战略思想，是习近平新时代中国特色社会主义思想的重要组成部分，是中国特色社会主义治网之道的科学总结和理论升华，是引领网信事业发展的思想指南和行动遵循。

"世界因互联网而更多彩，生活因互联网而更丰富"

"为建设科技强国、质量强国、航天强国、网络强国、交通强国、数字中国、智慧社会提供有力支撑""加强互联网内容建设，建立网络综合治理体系，营造清朗的网络空间""善于运用互联网技术和信息化手段开展工作"……2017年10月18日，习近平总书记在党的十九大报告中多次提及互联网，他对互联网发展的高度重视，源于对网络强国战略的深入思考，源于让互联网更好造福国家和人民的真挚情怀，源于构建网络空间命运共同体的执着坚毅。

"建设网络强国的战略部署要与'两个一百年'奋斗目标同步推进"

习近平总书记在这次会上（中央网络安全和信息化领导小组第一次会议）强调，建设网络强国的战略部署要与"两个一百年"奋斗目标同步推进，向着网络基础设施基本普及、自主创新能力显著增强、信息经济全面发展、网络安全保障有力的目标不断前进。

2016年10月9日，中共中央政治局就实施网络强国战略进行第三十六次集体学习。习近平总书记在主持学习时提出要努力做到"六个加快"：加快推进网络信息技术自主创新，加快数字经济对经济发展的推动，加快提高网络管理水平，加快增强网络空间安全防御能力，加快用网络信息技术推进社会治理，加快提升我国对网络空间的国际话语权和规则制定权，朝着建设网络强国目标不懈努力。

"让亿万人民在共享互联网发展成果上有更多获得感"

一个多月后的中共中央政治局第三十六次集体学习时，习近平总书记强调，世界经济加速向以网络信息技术产业为重要内容的经济活动转变。我们要把握这一历史契机，以信息化培育新动能，用新动能推动新发展。要加大投入，加强信息基础设施建设，推动互联网和实体经济深度融合，加快传统产业数字化、智能化，做大做强数字经济，拓展经济发展新空间。

习近平总书记指出，要强化互联网思维，利用互联网扁平化、交互式、快捷性优势，推进政府决策科学化、社会治理精准化、公共服务高效化，用信息化手段更好感知社会态势、畅通沟通渠道、辅助决策施政。

"没有网络安全就没有国家安全，没有信息化就没有现代化"

"没有网络安全就没有国家安全，没有信息化就没有现代化。"习近平总书记的这一论述，把网络安全上升到了国家安全的层面，列于和国家信息化同等重要的位置。

2013年11月，党的十八届三中全会做出的《中共中央关于全面深化改革若干重大问题的决定》提出，坚持积极利用、科学发展、依法管理、确保安全的方针，加大依法管理网络力度，完善互联网管理领导体制。目的是整合相关机构职能，形成从技术到内容、从日常安全到打击犯罪的互联网管理合力，确保网络正确运用和安全。

行生于己，名生于人。"只有富有爱心的财富才是真正有意义的财富，只有积极承担社会责任的企业才是最有竞争力和生命力的企业。办网站的不能一味追求点击率，开网店的要防范假冒伪劣，做社交平台的不能成为谣言扩散器，做搜索的不能仅以给钱的多少作为排位的标准。"习近平总书记对广大互联网企业提出殷切期望，"坚持经济效益和社会效益统一，在自身发展的同时，饮水思源，回报社会，造福人民"。

善于运用网络了解民意、开展工作，是新形势下领导干部做好工作的基本功。各级干部特别是领导干部一定要不断提高这项本领。"他强调，"让互联网成为我们同群众交流沟通的新平台，成为了解群众、贴近群众、为群众排忧解难的新途径，成为发扬人民民主、接受人民监督的新渠道"。

"网络安全是全球性挑战，没有哪个国家能够置身事外、独善其身，维护网络安全是国际社会的共同责任。"在第二届世界互联网大会开幕式上，习近平总书记提出"构建网络空间命运共同体"。从此，"构建网络空间命运共同体"不仅成为世界互联网大会的主题，更成为世界关注的话题。

"不搞网络霸权，不干涉他国内政，不从事、纵容或支持危害他国国家安全的网络活动。""必须坚持同舟共济、互信互利的理念，摈弃零和博弈、赢者通吃的旧观念。""用人类文明优秀成果滋养网络空间、修复网络生态。"

站在乌镇的讲台，习近平总书记率先提出推进全球互联网治理体系变革应坚持的"四项原则"：尊重网络主权、维护和平安全、促进开放合作、构建良好秩序。他还就共同构建网络空间命运共同体提出"五点主张":加快全球网络基础设施建设,促进互联互通;打造网上文化交流共享平台,促进交流互鉴;推动网络经济创新发展,促进共同繁荣;保障网络安全,促进有序发展;构建互联网治理体系,促进公平正义。

高校思想政治工作质量提升工程实施纲要(节选)

——中共教育部党组2017年12月4日发布

网络育人质量提升体系。大力推进网络教育,加强校园网络文化建设与管理,拓展网络平台,丰富网络内容,建强网络队伍,净化网络空间,优化成果评价,推动思想政治工作传统优势同信息技术高度融合,引导师生强化网络意识,树立网络思维,提升网络文明素养,创作网络文化产品,传播主旋律、弘扬正能量,守护好网络精神家园。

创新推动网络育人。加强工作统筹,建设高校思想政治工作网,打造信息发布、工作交流和数据分析平台,加强高校思想政治工作信息管理系统共建与资源互享。强化网络意识,提高建网用网管网能力,加强师生网络素养教育,编制《高校师生网络素养指南》,引导师生增强网络安全意识,遵守网络行为规范,养成文明网络生活方式。拓展网络平台,发挥全国高校校园网站联盟作用,推动"易班"和中国大学生在线全国共建,推选展示一批校园网络名站名栏,引领建设校园网络新媒体矩阵。丰富网络内容,开展"大学生网络文化节""高校网络育人优秀作品推选展示""网络文明进校园"等网络文化建设活动,推广展示一批"网络名篇名作"。优化成果评价,建设"高校网络文化研究评价中心",建立网络文化成果评价认证体系,推动将优秀网络文化成果纳入高校科研成果统计、列为教师职务职称评聘条件、作为师生评奖评优依据。培养网络力量,实施"网络教育名师培育支持计划""校园好网民培养选树计划",建设一支政治强、业务精、作风硬的网络工作队伍。

参考文献

[1] 习近平.习近平谈治国理政[M].北京：外文出版社，2014.

[2] 习近平.习近平谈治国理政[M].三卷.北京：外文出版社，2017.

[3] 中共中央宣传部理论局.指导新时期宣传思想文化工作的纲领性文献：学习习近平总书记在全国宣传思想工作会议上的重要讲话文章选[M].北京：学习出版社，2013.

[4] 中共中央宣传部宣传教育局，等.加强和改进大学生思想政治教育文件选编[M].北京：中国人民大学生出版社，2005.

[5] 习近平.青年要自觉践行社会主义核心价值观：在北京大学师生座谈会上的讲话[M].北京：人民出版社，2014.

[6] 习近平.在庆祝中国共产党成立95周年大会上的讲话[M].北京：人民出版社，2016.

[7] 《党的十九大报告辅导读本》编写组.党的十九大报告辅导读本[M].北京：人民出版社，2017.

[8] 习近平.坚持中国特色社会主义教育发展道路 培养德智体美劳全面发展的社会主义建设者和接班人[N].人民日报，2018-09-11(1).

[9] 习近平.在纪念五四运动100周年大会上的讲话[N].人民日报，2019-05-01(2).

[10] 中共中央 国务院关于加强和改进新形势下高校思想政治工作的意见[R].2016.

[11] 中共中央网络安全和信息化委员会办公室.中央网络安全和信息化领导小组第一次会议召开 习近平发表重要讲话[EB/OL].(2014-02-27).http://www.cac.gov.cn/2014-02/27/c_133148354.htm?tdsourcetag=s_pc -

tim_aiomsg.

[12] 中国政府网.习近平主持召开中央全面深化改革领导小组第四次会议[EB/OL].(2014-08-18).http://www.gov.cn/xinwen/2014-08/18/content_2736451.htm.

[13] 新华网.习近平视察解放军报社并发表重要讲话[EB/OL].(2015-12-25).http://www.xinhuanet.com/zgjx/2015-12/26/c_135932625.htm.

[14] 中共中央宣传部新闻局.习近平总书记党的新闻舆论工作座谈会重要讲话精神学习辅助材料[M].北京：学习出版社，2016.

[15] 中共中央网络安全和信息化委员会办公室.习近平总书记在网络安全和信息化工作座谈会上的讲话[EB/OL].(2016-04-25).http://www.cac.gov.cn/2016-04/25/c_1118731366.htm.

[16] 中国政府网.习近平主持中共中央政治局第十二次集体学习并发表重要讲话[EB/OL].(2019-01-25).http://www.gov.cn/xinwen/2019-01/25/content_5361197.htm.

[17] 中华人民共和国国家版权局.关于规范网络转载版权秩序的通知[EB/OL].(2015-04-17).http://www.ncac.gov.cn/chinacopyright/contents/483/249606.html.

[18] 中共中央网络安全和信息化委员会办公室.国家网络空间安全战略[EB/OL].(2016-12-27).http://www.cac.gov.cn/2016-12/27/c_1120195926.htm.

[19] 教育部.教育部办公厅关于规范校园评先选优网络投票活动的通知[EB/OL].(2016-12-30).http://www.moe.gov.cn/srcsite/A12/moe_1407/s3008/201701/t20170113_294835.html.

[20] 中国政府网.中共中央办公厅 国务院办公厅印发《关于实施中华优秀传统文化传承发展工程的意见》[EB/OL].(2017-01-25).http://www.gov.cn/zhengce/2017-01/25/content_5163472.htm.

[21] 新华社.中共中央国务院印发《中长期青年发展规划(2016-2025年)》[EB/OL].(2017-04-14).https://www.baidu.com/link?url=xfc22cm

HEpnkbw8CNwJ15ayweoUHVcpmVbTI_kY5R5eGJi3nkXuCiz_MLiWjRs4p6SEUD3VoPTw-DgPTbcBRx3M-nm99PYy0Kfzzt9cyIEu&wd=&eqid=f9f443e7000435d1000000035e9d0fc3.

[22] 中共中央网络安全和信息化委员会办公室.互联网用户公众账号信息服务管理规定[EB/OL]. (2017-09-07).http://www.cac.gov.cn/2017-09/07/c_1121624269.htm.

[23] 人民网.朝着建设网络强国目标不懈努力：习近平总书记引领推动网络强国战略综述[EB/OL]. (2017-12-02).http://people.com.cn/n1/2017/1202/c1001-29681231.html.

[24] 教育部.中共教育部党组关于印发《高校思想政治工作质量提升工程实施纲要》的通知[EB/OL]. (2017-12-05).http://www.moe.gov.cn/src-site/A12/s7060/201712/t20171206_320698.html.

[25] 中央党校采访实录编辑室.习近平的七年知青岁月[M].北京：中共中央党校出版社，2017.

[26] 李立红.团中央、教育部印发《关于在高校实施共青团"第二课堂成绩单"制度的意见》[N].中国青年报，2018-07-05(1).

[27] 姜恩来.新媒体环境下的大学生思想政治教育[J].高校理论战线，2009(6)：54-56.

[28] 肖学斌,朱莉.新媒体对大学生思想政治教育的影响及应对[J].思想教育研究，2009(7)：54-56.

[29] 赵扬.新媒体背景下大学生思想政治教育工作的创新思考[J].思想教育研究，2011(12)：72-74.

[30] 易连云,兰英.新媒体时代学校德育面临的危机及应对策略[J].高等教育研究,2010，31(5)：67-70.

[31] 颜小燕,康树元.新媒体环境下大学生社会主义核心价值观教育研究[J].教育与职业，2014(2)：61-63.

[32] 蒋天民,胡新平.政务微信的发展现状、问题分析及展望[J].现代情报，2014，34(10)：88-91，95.

[33] 季明,高明.新媒体对大学生思想政治教育的影响研究:以微信公众号为例[J].江苏高教,2015(4):114–116.

[34] 金婷.浅析政务新媒体的发展现状、存在问题及对策建议[J].电子政务,2015(8):21–27.

[35] 杨立淮,徐百成."微时代"下大学生思想政治教育的应对[J].中国青年研究,2011(3):103–106.

[36] 匡文波.新媒体概论[M].北京:中国人民大学出版社,2019.

[37] 谢晓萍.微信思维[M].广州:羊城晚报出版社,2014.

[38] 杨善林.企业管理学[M].北京:高等教育出版社,2016.

[39] STOCKMAN S.拍摄手册77种方法让你的影片更完美[M].李宏海,译.北京:人民邮电出版社,2014.

[40] 王汉生.数据思维:从数据分析到商业价值[M].北京:中国人民大学出版社,2017.

[41] 布拉德伯恩,萨德曼,万辛克.问卷设计手册:市场研究、民意调查、社会调查、健康调查指南[M].重庆:重庆大学出版社,2011.

[42] 任莉颖.用问卷做实验:调查–实验法的概论与操作[M].重庆:重庆大学出版社,2018.

[43] 江涛.互联网思维3.0[M].北京:化学工业出版社,2019.

[44] 龚铂洋.左手微博右手微信2.0[M].北京:电子工业出版社,2017.

后 记

历时五年，越是接近完成初稿时，越是不胜惶恐。

追溯有写本书的想法还要从2016年7月说起。当时，我被选派至全国学校共青团研究中心挂职研修，期间有幸参加北京科技大学举办的网络思政教育学术沙龙。同年11月，被邀请在团中央学校部举办的全国学校共青团新媒体工作培训班上做新媒体工作案例分享。在这两次工作交流中，现场专家和领导鼓励我继续完善培训内容，凝练工作体系，争取出版图书。

近几年，我一直从事高校新媒体运营相关的工作，随着工作的深入，特别是在学校开办共青团新媒体培训班的过程中，愈发觉得团属新媒体平台运营人员对新媒体运营技能确实有需求。于是，我在工作之余把学习中、实践中的一些灵感用文字记录下来，再把这些心得应用于实践中再验证、再完善、再总结，不断健全新媒体工作运营体系。写作的过程也并非一帆风顺，我深深觉得自身知识的匮乏，中间写写停停，几次险些放弃。

功夫不负有心人，在大家的关心和支持下，终于在2019年年底完成初稿。在这里我将一些感受与全国高校新媒体运营朋友们分享共勉：

一是要做一位不用伎俩、厚植根基的新媒体人。本书主要内容虽然在讲新媒体运营技巧，但我想说的是，新媒体的"新"只不过是一种新技术、新形式、新载体、新工具、新服务、新业态，随着我们对新媒体认识逐渐加深，当它的神秘面纱被揭开后，抛开技巧、技术，真正留存下来且能给人启发的依然是其所传递的思想。换句话说，新媒体作品优劣关键是由创作人的思想境界高低决定的。这也提示我们在碎片化阅读的时代，要多读书、多思考、多练笔、多实践，提升认知水平，增强辨别能力，夯实文字功底，丰富生活体验，最终厚植思想根基，提升履职素养。

二是要做一位不惧挑战、心怀赤子的新媒体人。新媒体运营工作不是

"996",也不是"886",而是"365""7×24""12×30",必须一年365天持续保持在线,必须一星期7天随时关注热点,必须一月30日天天考虑选题,新媒体工作者一方面要靠对新媒体运营工作的兴趣驱动,还要善于发现高校新媒体运营工作的现实意义。高校新媒体运营本质上是在做思想政治教育,新媒体平台粉丝角色的差异、地位的不同、成长环境不一等因素均会导致看待问题的立场和视角产生分歧,甚至形成矛盾、冲突与对立,新媒体运营者难免会遇到"人人有心得,人人可点评、人人可吐槽"的情况,这个时候强大的内心是很重要的,遇到困难时多想想自己从事新媒体工作的初心。

三是要做一位不断创新、自我超越的新媒体人。如果这个世界上只有两种工作:一种工作是每天重复相同的工作内容、做同样的事情,另一种是每天都需要创新、需要积累的工作,你愿意选哪一种?我相信,每个人心中都有自己的答案。

今天,饱含心血的《高校新媒体运营与创新》即将问世。值此出版之际,感谢所有帮助过我的人。感谢学校领导和老师,他们的关心支持给我提供了新媒体运营工作实践平台。感谢学校团委新媒体应用研究发展中心近几届的同学们,他们前期给了我很多灵感和建议。感谢学校团委新媒体平台的粉丝们,是他们的"点赞"给了我源源不断的工作动力。感谢我的家人,他们永远是我强大的精神支柱,为我工作之余写作提供了时间保障。总之,感谢所有给予我帮助的人。

杨乾坤

2020年5月29日